EDITORA JURISMESTRE

FICHA CATALOGRÁFICA
Bibliotecária: Alice Tacão Wagner - CRB 7/RJ 4316

S487i
Serrano, Pablo Jiménez.
Introdução ao direito do trabalho: direitos derivados da relação de emprego. Contém caderno de exercícios. [livro eletrônico] / Pablo

Jiménez Serrano. - Rio de Janeiro: Jurismestre, 2015.

115 p. : Il.

ISBN 978-85-918923-6-5

1. Direito do trabalho. 2. Direito - relação de emprego. I. Título.

CDD - 344.01

***Editoração e Acabamento*:**
Editora Jurismestre – Rua H, n. 173

Fone: (24) 99905-8200 – 27251-223 – Volta Redonda, RJ.
www.loja.jurismestre.com.br
contato@jurismestre.com.br

Ao meu pai ALFREDO e à minha mãe,
CRISTINA,
pelo afeto e carinho.

Aos meus filhos,
tesouros e presentes de Deus.

Pablo Jiménez Serrano

Vida e Obra

Nasceu em Santiago de Cuba, Cuba. Concluiu estudos de Técnico em Direito Aduaneiro na Havana (julho de 1978). Iniciou estudos da Licenciatura em Direito na Faculdade de Direito na Universidade da Havana (agosto de 1978). Formou-se em Direito pela Universidade do Oriente, em Santiago de Cuba, Cuba (junho de 1983). Fez estudos Avançados de Treinamento em "Direito Civil" na República de Ucrânia (setembro de 1987 - julho de 1989).

De regresso a Cuba, cursou o Programa de Doutorado da Faculdade de Direito da Universidade de Alicante, em Valência, Espanha: "Metodologia, Fontes e Instituições Jurídicas" (junho de 1995 - julho de 1996). Cursou o Programa de Doutorado em Direito na Faculdade de Direito da Universidade do Oriente, Cuba (agosto de 1991 - junho de 1996). Título Reconhecido (REVALIDADO) pelo Conselho de Pós-Graduação da Universidade de São Paulo – USP.

Trabalho como professor, conferencista, escritor e pesquisador em diversas universidades cubanas e brasileiras. Atualmente é professor do Programa de Mestrado em Direito (*stricto sensu*) do Centro Universitário Salesiano de São Paulo – UNISAL.

Publicou mais de 20 obras sobre Ciência, Filosofia, Metodologia e Direito, editadas pelas Editoras Julgar (1999 - 2000), LEUD (2002), Desafio Cultural (2002), Manole (2003), Catálise (2004), Forense (2006), Alínea (2007) e Jurismestre (2015). Alguns livros de Pablo Jiménez foram publicados em espanhol, outros em português.

Sumário

Introdução

O presente livro tem por objetivo possibilitar a compreensão e o uso dos conceitos fundamentais do Direito do Trabalho.

Procura-se, de forma dinâmica e amena, dar a conhecer o regime jurídico do Direito do Trabalho pátrio, tomando-se como ponto de partida a sua definição, fonte, razões, características e natureza jurídica. Almeja-se, assim, contribuir para a formação dc um profissional capaz dc reconhecer a relação jurídica trabalhista e identificar os direitos que dela derivam.

Do ponto de vista didático a exposição sistemática da obra foi dividida da seguinte forma:

Capítulo 1. O Direito do Trabalho, seção que aborda a definição do Direito do Trabalho, seu objeto de estudo, função e finalidade, características, denominações e fontes.

Capítulo 2. Fundamentos do Direito do Trabalhista, seção que inclui as razões do Direito Trabalhista, seu fundamentos normativo, princípios e fundamentos convencionais.

Capítulo 3. A Relação Jurídica Trabalhista, seção que contem a definição dos seus elementos componentes: empregador, empregado e as diversas espécies de trabalhadores.

Capítulo 4. A Constituição da Relação de Emprego, abordando-se o contrato de trabalho, seus elementos constitutivos, natureza, características, classificação, ineficácia, modificação ou alteração, suspensão, interrupção, extinção ou cessação da relação de emprego e os conflitos derivados da relação trabalhista.

Capítulo 5. Direitos Derivados da Relação de Emprego, onde se significam a jornada de trabalho, a remuneração e o salário, o fundo de garantia, suas modalidades, movimentação de conta vinculada etc.

Capítulo 6. Suspensão, Interrupção e Extinção da Relação de Emprego, seção final onde se definem e caracterizam a suspensão, a interrupção e a extinção do contrato de trabalho, seus efeitos e hipóteses legais.

Em fim, por motivo de interesse didático e prático, na presente obra privilegiam-se as noções introdutórias que permitem o conhecimento da tutela dos direitos que nascem da relação trabalhista. Contudo, em próxima obra cuidar-se-ia das vias para a resolução dos conflitos derivados dessa relação jurídica.

Capítulo 1
O Direito do Trabalho

Conteúdo: 1.1 Definição do Direito do Trabalho. 1.2 Objeto de estudo do Direito do Trabalho. 1.3 Função e finalidade do Direito do Trabalho. 1.4 Características do Direito do Trabalho. 1.4.1 Diversas denominações análogas. 1.5 Natureza jurídica e autonomia do Direito do Trabalho. 1.6. Fontes do Direito do Trabalho. 1.6.1 Conflitos entre as fontes.

As doutrinas históricas e modernas reservam uma diversidade de definições para o Direito do Trabalho, todas elas desenvolvidas com base nas conhecidas perspectivas subjetivista, objetivista e mistas. Devido a sua importância teórica e prática no presente capitulo iniciaremos o estudo das variadas concepções do Direito Trabalhista.

1 Definição do Direito do Trabalho.

Com base na perspectiva subjetivista, a definição do Direito do Trabalho se concebe, por exemplo, a partir do sujeito "trabalhador" que, como estudaremos, junto ao empregador, integra a relação trabalhista. Toma-se, assim, este primeiro elemento (trabalhador ou empregado), como elemento central da definição: o Direito do Trabalho é um ramo de direito que tutela, essencialmente, o trabalhador.

Conforme Amauri Mascaro Nascimento (2007, p. 58) é possível definir o Direito do Trabalho como o "ramo da ciência do direito que tem por objeto as normas, as instituições jurídicas e os princípios que disciplinam as relações de trabalho subordinado, determina seus sujeitos e as organizações destinadas à proteção desse trabalho em sua estrutura e atividade".

Todavia, para Sergio Pinto Martins (2009, p. 16) o Direito do Trabalho pode ser assim considerado:

> um conjunto de princípios, regras e intuições atinentes à relação de trabalho subordinado e situações análogas, visando assegurar melhores condições de trabalho e sociais ao trabalhador, de acordo com as medidas de proteção que lhe são destinadas. A palavra conjunto revela que o Direito do Trabalho é composto de várias partes organizadas, formando um sistema, um todo.

Em verdade, o Direito do Trabalho reúne um conjunto de normas e princípios que expressam valores e conquistas sociais. Contudo o Direito do Trabalho se expressa num conjunto de teorias e práticas desenvolvidas em torno de um vínculo jurídico de trabalho, objetivando a resolução de conflitos nascidos da relação: empregador - empregado.

1.1. Objeto de estudo do Direito do Trabalho.

O objeto de estudo do Direito em estudo é o "trabalho subordinado". É, com base nesta afirmação, que iniciamos o estudo desta importante área do saber humano e sobre a qual as doutrinas modernas elaboram seus conceitos e teorias.

Contudo, vemos nas doutrinas, nacional e estrangeira, um esforço por definir o Direito do Trabalho como uma disciplina reguladora de relações jurídicas, sedo o seu maior problema o de se determinar a natureza e o objeto dessas relações jurídicas.

A respeito disso, questiona-se se as relações contratuais cujo objeto é a atividade prestada por pessoa física, serviços disciplinados no Código Civil, a saber, contrato de mandato, contratos de prestação de serviços autônomos, de transporte etc. fazem parte do objeto de estudo e da regulamentação do Direito do Trabalho e, neste sentido, procura-se responder a seguinte questão: "quando o prestador é pessoa física e o destinatário é empresa, podem confundir-se com o contrato de trabalho. Essas relações jurídicas devem passar para a esfera do direito do trabalho?". (NASCIMENTO, 2007, p. 47)

Evidentemente, as relações contratuais estabelecidas entre pessoas naturais ou físicas são disciplinadas pela legislação civil. Já as relações jurídicas estabelecidas entre pessoas jurídicas e pessoa física (empregados - assalariados) seriam regidas pela legislação trabalhista. Há relações jurídicas onde participam empresas e pessoas físicas que no se confundem com as relações trabalhistas. Assim, por exemplo: 1 as relações jurídicas estabelecidas entre as empresas são cuidadas pelo Direito Empresarial; 2 as relações jurídicas estabelecidas entre as empresas e a população consumidora são cuidadas pelo Direito do Consumidor; 3 as relações jurídicas estabelecidas entre a Administração Pública e os administrados são cuidadas pelo Direito Administrativo; 4 as relações jurídicas estabelecidas entre as pessoas físicas são cuidadas pelo Direito Civil etc. Ora, vale perguntar quais as relações tuteladas pelo Direito do Trabalho? Somente o estudo da natureza jurídica do Direito do Trabalho nos ajudará a encontrar esta resposta.

Em verdade, existem diversas concepções por meio das quais se pretende significar a relação trabalhista. Vejamos:

1 A relação trabalhista é aquela da qual participam todos os trabalhadores (concepção subjetivista ampla);

2 A relação trabalhista é aquela onde somente participam os considerados empregados (concepção subjetivista restrita);

3 A relação trabalhista se define de acordo com o seu conteúdo ou matéria tutelada - relações de trabalho - (concepção objetivista);

4 A relação trabalhista se define conforme ambas as posturas apontadas (subjetivista e objetivista) conforme a concepção mista.

Há, em verdade, uma diversidade de correntes que consideram ser o Direito do Trabalho uma parte do direito que tutela relações trabalhistas onde participam tanto os trabalhadores dependentes quanto os independentes. Todavia, coloca-se em discussão as seguintes questões:

a) é o trabalho profissional objeto do Direito do Trabalho?

b) é o trabalho fixo ou continuado o único tipo de atividade objeto do Direito do Trabalho?

c) pode ser o trabalho eventual também considerado objeto do Direito do Trabalho?

d) as atividades religiosas e esportivas são consideradas objeto do Direito do Trabalho?

e) o trabalho é qualquer atividade humana remunerada?

As respostas reservadas a estas questões não são unívocas. Fato pelo qual a questão da natureza desta disciplina parece não estar pacificada. Daí a necessidade de melhor compreender a função (utilidade) e a finalidade (objetivos) do Direito do Trabalho.

1.2. Função e finalidade do Direito do Trabalho.

A função do Direito do Trabalho é a de coordenar os interesses derivados da relação capital – trabalho em defesa dos interesses que derivam da relação: empregador e empregados.

O trabalho é um direito e um dever social. Trata-se de uma atividade, ou melhor, de um conjunto de atividades socioeconômicas por meio das quais o ser humano organiza a produção dos bens e serviços destinados à satisfação de suas necessidades. Daí, que o trabalho tenha uma repercussão tanto social como familiar.

Como se vê, a função do Direito do Trabalho não é unicamente a de tutelar os interesses do trabalhador, porém, sobretudo, a relação jurídica trabalhista.

O Direito de Trabalho se inspira num ideal de justiça social, de realização da cidadania e de inclusão social. Assim, a *finalidade* (objetivos ou propósitos) do Direito do Trabalho nas sociedades contemporâneas se traduz na defesa do valor Vida. Eis o valor máximo, ao qual se subordinam princípios, tais como, a dignidade da pessoa humana, e direitos básicos: saúde, subsistência e desenvolvimento individual e familiar etc.

Podemos dizer que o regime trabalhista repercute na ordem e na paz social, zelando pelas consequências que derivam da desigualdade econômica marcada entre empregadores e trabalhadores, no intuito de diminuir os conflitos nascidos dessas desigualdades.

Destarte, a finalidade social do Direito do Trabalho se concretiza pela regulamentação das relações de trabalho: "relações de trabalho que se desenvolvem nos meios econômicos de produção de bens e prestação de serviços". (NASCIMENTO, 2007, p. 46)

A finalidade do Direito do Trabalho é, pois, assegurar melhores condições de trabalho, porém não só essas situações, mas também condições sociais ao trabalhador. Assim, o Direito do Trabalho tem por função melhorar as condições de trabalho dos obreiros e também suas situações sociais, assegurando que o trabalhador possa prestar seus serviços num ambiente salubre, podendo, por meio de seu salário, ter uma vida digna para que possa desempenhar seu papel na sociedade. O Direito do Trabalho pretende corrigir as deficiências encontradas o âmbito da empresa, não só no que diz respeito às condições de trabalho, mas também para assegurar uma remuneração condigna a fim de que o operário possa suprir as necessidades de sua família na sociedade. Em suma, o Direito do Trabalho visa a melhorar essas condições do trabalhador. (MARTINS, 2009, p. 1)

1.3. Características do Direito do Trabalho.

O Direito do Trabalho é constituído por dois grandes grupos: o Direito Individual do Trabalho e o Direito Coletivo do Trabalho, cada um com princípios, regras e institutos próprios. O Direito Individual do Trabalho se ocupa do contrato individual de trabalho, correspondente à relação de emprego, estabelecida entre empregado e empregador e marcada pela desigualdade econômica, gerando a necessidade de normas protetoras, a fim de criar um equilíbrio jurídico. Já, o Direito Coletivo do Trabalho é o segmento do Direito do Trabalho encarregado das relações coletivas de trabalho, da organização sindical, dos acordos e convenções coletivas, conflitos coletivos do trabalho e sua solução. (VENEZIANO, 2009, p. 194)

1.3.1 Diversas denominações análogas.

Conforme a sua especificação e alcance prático para o Direito do Trabalho reservam-se outras tantas denominações não menos importantes, mais que têm seus sentidos mais voltados para outras dimensões do saber. Vejamos:

a) O Direito Internacional do Trabalho que abrange a organização internacional do trabalho constituída por meio de convenções ou tratados dos quais o Estados são partes. Diz-se de um sub-ramo que faz parte do Direito Internacional e, portanto, aqui não será de interesse estudar.

b) O Direito Processual do Trabalho por meio do qual se estuda a melhor forma de colocar em funcionamento as normas substantivas do direito do trabalho, cuidando dos procedimentos, competências dos chamados órgãos e instituições que conforma a chamada Justiça do Trabalho.

c) O Direito Sindical. Diz-se de um direito que não tem autonomia própria. É mais bem o regime sindical, objeto de estudo do Direito Coletivo do Trabalho.

d) O Direito Penal do Trabalho é uma matéria muito bem inserida no Direito Penal por tratar especificamente dos crimes contra a organização do trabalho.

e) O Direito da Previdência Social e o *Direito da Assistência Social* que são direitos incluídos no gênero da Seguridade Social, não autônomo, e que, por sua extensão, não será objeto de estudo na presente obra.

1.4. Natureza jurídica e autonomia do Direito do Trabalho.

O estudo da natureza jurídica do Direito do Trabalho nos permite avaliar a sua inserção e independência desta área dentro do contexto da Ciência do Direito. A indicação da natureza desta disciplina nos permite saber, por exemplo, ela integra normas de ordem pública ou de direito privado, aspecto determinante para interpretar e aplicar o direito.

Quanto a sua natureza também a doutrina se divide. Assim, afirma André Horta M. Veneziano (2009, p. 4), "o caráter social da sua essência e a existência de normas de ordem pública (restringindo a autonomia da vontade) não afastam a natureza contratual da relação estabelecida entre empregado e empregador. Por isso, o Direito do Trabalho é um ramo do Direito Privado".

Quanto a sua autonomia afirma-se sua independência, marcada pela existência de conceitos, institutos, normas, princípios e regras próprias, recursos por meio dos quais se tutelam as relações e se resolvem os conflitos trabalhistas. Assim, considera-se o Direito do Trabalho ou como um direito público ou como um direito privado, sendo ambas as distinções fundadas nos seguintes argumentos:

a) Direito do Trabalho como Direito Público. Considera-se o Direito do Trabalho como ramo do Direito Público por ser consideradas suas normas de natureza estatal: criadas pelo aparato estatal para a proteção do trabalhador. A respeito disso, uma postura contrária observa que as normas deste direito têm como objetivo especifico a regulação de um tipo de relação contratual, que é, maiormente, de natureza privada.

b) Direito do Trabalho como Direito Privado. Discute-se a autonomia do Direito do Trabalho em relação ao Direito Civil, afirmando-se, frequentemente, que o primeiro faz parte do segundo. Diz-se que o Direito do Trabalho originou-se a partir do momento em que começam a ser reguladas as antigas locações de serviço, normalmente previstas na legislação civil (MARTINS, 2009, p. 20). Mas, em verdade, desse regime se foi separando até formar um regime independente.

c) Direito do Trabalho como Direito Social. Também o Direito do Trabalho é considerado um Direito Social que objetiva proteger as pessoas economicamente desfavorecidas, o polo mais fraco da relação trabalhista. Efetivamente, o Direito do Trabalho tem um sentido social, pois objetiva a Justiça e o Bem-estar social.

d) Direito do Trabalho como Direito Misto. Conforme a esta interpretação trata-se de um Direito Misto que abraça tanto relações jurídicas próprias do Direito Público e do Direito Privado.

e) Direito do Trabalho como Direito Unitário. Diz-se de um direito que é o resultado da fusão do Direto Público e do Direito Privado que deram vida a um direito independente: o Direito do Trabalho.

f) Direito do Trabalho como Disciplina jurídica. Como disciplina jurídica o Direito do Trabalho tem como objetivo a tutela das relações jurídicas trabalhistas e a resolução de conflitos delas derivados. Eis que como parte do direito é também "um instrumento de realização de realização da paz e da ordem social, mas, também, destina-se a cumprir outras finalidades, entre as quais o bem individual e o progresso da humanidade". (NASCIMENTO, 2007, p. 59)

1.6 Fontes do Direito do Trabalho.

O conceito fonte significa a origem, nascedouro do direito. O Direito do Trabalho tem suas próprias fontes. Vê-se como o art. 8º da CLT dá orientação a respeito das fontes do Direito do Trabalho, ao afirmar:

> Art. 8º As autoridades administrativas e a Justiça do Trabalho, na falta de **disposições legais** ou **contratuais**, decidirão, conforme o caso, pela **jurisprudência**, por **analogia**, por **equidade** e outros **princípios** e **normas gerais de direito**, principalmente do direito do trabalho, e, ainda, de acordo com os **usos e costumes**, o **direito comparado**, mas sempre de maneira que nenhum interesse de classe ou particular prevaleça sobre o interesse público.
> Parágrafo único. O direito comum será fonte subsidiária do direito do trabalho, naquilo em que não for incompatível com os princípios fundamentais deste. (Grifo nosso)

Assim, num sentido didático, e ao efeito de compreender a origem e os pressupostos do Direito do Trabalho, podemos classificar suas fontes da seguinte maneira:

a) Fontes primárias ou principais, a saber:

- Fontes *legais* (não consensuais): são fontes estatais do Direito do Trabalho a Constituição Federal, as leis, os decretos e regulamentos, as portarias, as sentenças normativas (Sentença é o ato pelo qual o juiz põe termo ao processo (CPC, art. 162, § 1º). Assim, a sentença normativa é uma decisão proferida pelos Tribunais Regionais do Trabalho nos dissídios coletivos).

- Fontes *contratuais (consensuais* - não estatais): são fontes consensuais os acordos coletivos, as convenções coletivas e os contratos de trabalho.

b)Fontes secundárias, acessórias ou *subsidiárias*:

- a jurisprudência (conjunto de decisões proferidas por um tribunal reiteradamente e de forma a construir um diretriz de solução para os casos futuros e similares);
- a analogia;
- os princípios e normas gerais de direito;
- os usos e costumes;
- o direito comparado;
- o direito comum, naquilo em que não for incompatível com os princípios fundamentais deste.

Como foi dito a divisão anterior somente tem um sentido didático, pois o efeito jurídico de ambos os grupos de fontes citados é o mesmo: ambos têm força de leis.

Assim, por exemplo, os acordos e contratos, na ordem trabalhista geram obrigações legais. Vejamos.

> 1. A convenção coletiva é um pacto firmado entre dois ou mais sindicato: de um lado, o sindicato patronal, e, de outro, o sindicato profissional (dos trabalhadores). 2. O acordo coletivo é um pacto celebrado entre uma ou mais empresas com o sindicato dos empregados. 3. Sentença normativa é a decisão que julgou um conflito coletivo. É importante frisar que é reconhecida pela Constituição Federal (art. 7º, XXVI); as normas e condições de trabalho valem para as partes envolvidas no acordo coletivo. 4. O regulamento de empresa reúne as condições de trabalho fixadas no âmbito interno desta. Usualmente, o regulamento da empresa é elaborado de forma unilateral pelo empregador, mas é possível a participação do empregado na sua criação. As cláusulas dos regulamentos aderem ao contrato de trabalho, não podendo ser alteradas unilateralmente pelo empregador. 5. O contrato de trabalho é o acordo correspondente à relação de emprego. (VENEZIANO, 2009, p. 5)

A caracterização do regime legal será explicada no tema, a seguir, como um dos fundamentos onde serão oportunamente também abordadas as razões, históricas, sociais, econômicas, políticas e jurídicas do Direito do Trabalho.

1.6.1 Conflitos entre as fontes.

Conforme doutrina, os conflitos das fontes do Direito do Trabalho resolvem-se pela concepção da hierarquia e validade das leis. Assim, a norma superior é um pressuposto de validade da norma inferior. Por exemplo: "a Constituição é hierarquicamente superior às demais normas, pois o processo de validade destas é regulado na primeira. Abaixo da Constituição estão os demais preceitos legais, cada qual com campos diversos de atuação: leis complementares, leis ordinárias, decretos-leis (nos períodos em que existiram), medidas provisórias, leis delegadas, decretos legislativos e resoluções". (MARTINS, 2009, p. 43)

Veja-se, ainda, o estabelecido nos artigos 619 e 623 da CLT:

> Art. 619. Nenhuma disposição de contrato individual de trabalho que contrarie normas de Convenção ou Acordo Coletivo de Trabalho poderá prevalecer na execução do mesmo, sendo considerada nula de pleno direito.
>
> Art. 623. Será nula de pleno direito disposição de Convenção ou Acordo que, direta ou indiretamente, contrarie proibição ou norma disciplinadora da política econômico-financeira do Governo ou concernente à política salarial vigente, não produzindo quaisquer efeitos perante autoridades e repartições públicas, inclusive para fins de revisão de preços e tarifas de mercadorias e serviços.
> Parágrafo único. Na hipótese deste artigo, a nulidade será declarada, de ofício ou mediante representação, pelo Ministro do Trabalho ou pela Justiça do Trabalho, em processo submetido ao seu julgamento.

Todavia, os princípios jurídicos ocupam um lugar supremo dentro do sistema jurídico – normativo. É livre o exercício de qualquer trabalho ofício ou profissão atendidas as qualificações profissionais que a lei estabelecer é, entre outros, princípios que primam sobre as atividades socioeconômicas e laborais. (Vejam-se outros princípios no art. 5º da Constituição Federal).

Humberto Ávila (2009, p. 26) nos propõe uma orientação para o caso dos conflitos entre regras e princípios. Vejamos:

Quando duas regras colidem, uma das duas é inválida, ou deve ser aberta uma exceção a uma delas para superar o conflito. Quando dois princípios colidem, os dois ultrapassam o conflito mantendo sua validade, devendo o aplicador decidir qual deles possui maior peso. (Diz-se, assim, da ponderação de princípios)

Atenção: No Direito do Trabalho, diferentemente do que acontece no Direito comum (que, quanto ao critério de hierarquia e conflito entre normas se utiliza da teoria piramidal de Kelsen), no conflito entre normas trabalhistas, segundo o princípio protetor (protecionista) deve prevalecer a norma mais favorável ao empregado.

Capítulo 2
Fundamentos do Direito Trabalhista

Conteúdo: 2.1 Razões do Direito Trabalhista. 2.1.1 Fundamentos normativos do Direito do Trabalho. 2.1.1.1 Pressuposto constitucional. 2.1.1.1.1 Princípios do Direito Trabalhista. 2.1.1.2 Pressuposto infraconstitucional. 2.1.1.2.1 Hierarquia e vigência das normas do Direito Trabalhista. 2.1.1.2.1 Legislação não consolidada. 2.1.2 Fundamentos convencionais do Direito do Trabalho.

Como visto no tema anterior, o Direito do Trabalho é composto de regras aplicáveis ao trabalhador e ao empregador que, quando descumpridas, podem acarretar prejuízos tanto para o primeiro como para a empresa onde trabalha. Mas, quais são os fundamentos e as razões deste direito? É o que, a seguir, estudaremos.

2.1 Razões do Direito Trabalhista.

Para compreender os fundamentos do Direito do Trabalho torna-se necessário estudas suas razões.

a) Razão histórica.

O Direito do Trabalho vê-se como resultado da necessidade de sistematização das normas de direito que surgiram como consequência da revolução da sociedade industrial.

Assim, se afirma que o sistema capitalista marcaria a origem deste direito (Direito do Trabalho) que teria como missão a sistematização de normas esparsas que regulamentaram o trabalho como atividade humana desenvolvida com base num interesse (gerar riquezas).

Sabe-se que nas formações econômicas que precederam ao capitalismo não existiam direitos consagrados ao trabalhador. Na escravatura, por exemplo, o escravo era considerado um objeto e no feudalismo toda atividade produtiva dependia da relação de subordinação e poder estabelecida entre o senhor feudal e os servos.

É, por tanto, com o desenvolvimento incipiente do sistema capitalista que se criam as bases para uma sociedade mercantil, onde o homem se transformaria em obreiro ou trabalhador assalariado que, após inúmeras lutas e conquista, conseguiria o reconhecimento legal dos seus direitos (direitos trabalhistas).

Desta forma, o Direito do Trabalho nasce com a sociedade industrial. Ora, também outras razões estimulariam o surgimento e posterior desenvolvimento do Direito do Trabalho, a saber, social, econômica, política e jurídica.

b) Razão social.

O ser humano é um ser social por ser considerado elemento componente das sociedades. Contudo, a sociedade exige civilidade e, portanto, para ser civilizada, precisa de uma ordem que permita a concretização de esforços, o intercambio de serviços, trabalho e valores.

Todavia, nesse contexto social as pessoas vivem em colaboração. Daí que a satisfação das necessidades de alguns depende do trabalho de todos. Logo, a atividade laboral, que é de natureza econômica (serviços), prestada de forma individual ou coletiva, formal ou informal, remunerada ou não é condição necessária da convivência social.

Em fim, todo ser humano se usa do seu talento, das suas habilidades e da sua formação profissional para poder se expressar socialmente e ganhar o sustento dele e da sua família. É, assim que contribui para a satisfação das necessidades sociais.

c) Razão econômica.

A atividade laboral (trabalho assalariado) não deixa de ser uma atividade econômica. Trata-se de uma relação de intercambio de esforços, por meio do qual, alguns colocam a disposição os seus esforços, profissionalismo, empenho e talento, outros pagam por isso. Ora, o desenvolvimento econômico faz com que a atividade em si (qualidade do desempenho) mude de tempo em tempos. Daí, o tipo de atividade muda conforme muda a tecnologia e a exigência da sociedade e do mercado.

Vê-se, por exemplo, que: "com a expansão da indústria e do comercio, houve a substituição do trabalho escravo, servil e corporativo pelo trabalho assalariado em larga escala, do mesmo modo que a manufatura cedeu lugar à fabrica e, mais tarde, à linha de produção" (NASCIMENTO, 2007, p. 44)

d) Razão política.

O regime capitalista viu nos conhecidos princípios: igualdade, liberdade e fraternidade, o alicerce para a construção de uma sociedade que permitisse a contratação de mão de obra assalariada.

A política, então, permite e incide sobre o desenvolvimento econômico social controlando, limitando ou autorizando a atividade laboral. Assim, "o Estado intervém na ordem econômica e social limitando a liberdade plena das partes da relação de trabalho" (NASCIMENTO, 2007, p. 44). Atividades são autorizadas ou proibidas por conta do interesse político próprio do modo de produção, neste caso capitalista.

e) Razão jurídica.

A autonomia da vontade e a liberdade contratual geraram a possibilidade de uma transformação da ordem jurídica. È, por meio dessa ordem que se garante a tutela dos direitos sociais e trabalhistas. Direitos reivindicados por meio de sindicatos e plasmados em leis que objetivam inibir os abusos dos empregadores e preservar os direitos dos empregados: dignidade do trabalhador, jornada de trabalho, salário, descanso, proteção contra acidentes, doenças, desemprego etc.

Especificamente o Direito do Trabalho, assim como outras tantas disciplinas jurídicas começou a existir como uma necessidade também jurídico-normativa. Sendo impossível separar as garantias trabalhistas dos seus pressupostos normativos, pois o Direito do Trabalho se insere na ordem jurídica que se conecta impreterivelmente à ordem econômica e política, social e moral de uma nação.

2.1.1 Fundamentos normativos do Direito do Trabalho.

O regime jurídico trabalhista cuida da resolução de conflitos, neste sentido, ele existe como instrumentos jurídicos para tutelar os direitos e dirimir as questões surgidas da relação: trabalhador (assalariado) e organizações (empresas e instituições). Mas, quais são essas regras?

Em verdade, existe um conjunto de normas: princípios e regras que se destinam a regulamentar as relações jurídicas trabalhistas. Trata-se do conjunto de leis que regulam a relação de trabalho, a saber, Vejamos.

2.1.1.1 Pressuposto constitucional.

O fundamento constitucional se não é o mais importante é aquele que baliza o regime jurídico do Direito do Trabalho, pois, é na Constituição Federal onde se consagram os princípios e diretrizes destinadas a assegurar o equilíbrio na relação trabalhista.

Conforme explica Sergio Pinto Martins (2009, p. 16 e 38) a primeira Constituição brasileira a tratar de normas de Direito do Trabalho foi a de 1934. As demais Constituições continuaram a versar sobre o tema, tanto que os arts. 7º a 11 da Norma Ápice de 1988 especificam vários direito dos trabalhadores. Há que se lembrar, continua o autor que é de competência privativa da União legislar sobre Direito do Trabalho (art. 22, I, da Constituição), o que impede os Estados-membros e os Municípios de o fazerem. O Direito do Trabalho contém princípios que são proposições genéricas das quais derivam as demais normas. Com o conhecimento dos princípios do Direito do Trabalho, notamos um tratamento científico dado à disciplina, justificando, também, sua autonomia.

2.1.1.1.1 Princípios do Direito Trabalhista.

Por meio do vocábulo "princípios" indicam-se os alicerces do Direito em geral (princípios gerais do Direito) ou do ramo ou disciplina em particular (princípios do Direito do Trabalho). Desta forma, não me parece passiva a tese que coloca a norma como gênero e as regras e os princípios como espécies.

Conforme explica Humberto Ávila (2009, p. 24-25), "os princípios são reverenciados como bases ou pilares do ordenamento jurídico sem que a essa veneração sejam agregados elementos que permitam melhor compreendê-los e aplicá-los". Para o citado autor os princípios não apenas explicitam valores, mas, indiretamente, estabelecem espécies precisas de comportamentos.

Digamos que o direito se constrói por princípios. O princípio é o recurso jurídico (construção linguística: proposições básicas) por meio do qual importamos para o sistema jurídico os valores: eles contêm valores que orientam a criação do direito por meio de normas e regras. Os princípios são importantes recursos hermenêuticos. Eles nos orientam no processo de interpretação, pesquisa e aplicação (integração) do direito.

Destarte, os princípios têm varias funções: informadora, normativa e interpretativa. A função informadora serve de inspiração ao legislado e de fundamento para as normas jurídicas. A função normativa atua como uma fonte supletiva, nas lacunas ou omissões da lei. A função interpretativa serve de critério orientador para os interpretes e aplicadores da lei. (MARTINS, 2009, p. 59)

Sabe-se existir princípios gerais do direito e princípios particulares em todos os ramos específicos.

Os princípios gerais são comuns a todo o sistema jurídico, assim, por exemplo: 1 A ignorância do Direito não exime a responsabilidade; 2 A dignidade da pessoa humana deve ser observada; 3 Todos são iguais perante a lei, sem distinção de qualquer natureza; 4 A inviolabilidade do direito à vida, à liberdade, à igualdade, à segurança e à propriedade; 5 Ninguém será obrigado a fazer ou deixar de fazer alguma coisa senão em virtude de lei; 6 Não há crime sem lei anterior que o defina, nem pena sem prévia cominação legal etc.

Mas, também há princípios específicos do Direito do Trabalho. Assim, conforme lições de André Horta Veneziano (2009, p. 6) são princípios do Direito do Trabalho os seguintes:

a) *Princípio protetor*, ou seja, a proteção do trabalhador (aplicação da norma mais favorável, manutenção da condição mais benéfica, *in dubio pro operrario*). Diz-se de uma forma de compensar a desigualdade econômica presente na ralação de emprego.

b) *Princípio da irrenunciabilidade de direitos*, por meio do qual se prescreve que os direitos trabalhistas são irrenunciáveis para que não sejam objeto de negociação ou de imposições patronais.

c) *Princípio da continuidade da relação de emprego,* por meio do qual determina-se que o contrato de trabalho será por tempo indeterminado, salvo exceções.

d) *Princípio da primazia da realidade*, por meio do qual se orienta que os fatos (ocorrido) prevalecem sobre a forma ou os documentos apresentados.

Todavia, o princípio da boa-fé nos contratos é aplicável em qualquer contrato, seja no Direito Civil (art. 422 do CC) ou no Comercial, mas também no Direito do Trabalho. Vejam-se igualmente o art. 421 e 476 do CC, aplicáveis também ao Direito do Trabalho.

2.1.1.2 Pressuposto infraconstitucional.

Existem diversas leis que tutelam o Direito do Trabalho. "A principal delas é uma compilação da legislação, a que se deu o nome de Consolidação das Leis do Trabalho (CLT), consubstanciada no Decreto-lei n. 5.452, de 1,5,1943. Representando uma reunião de normas esparsas que culminaria na CLT. Não se trata, de um código, ma de uma consolidação, que vem justamente reunir a legislação esparsa sobre o tema existente no período anterior a 1943 e sua posteriores modificações". (MARTINS, 2009, p. 38 – 39)

Diz-se da sistematização das leis esparsas existentes na época, acrescidas de novos institutos criados pelos juristas que a elaboraram. A CLT tornou-se obsoleta, surgindo a necessidade de modernização das leis trabalhistas, especialmente para promover as normas sobre direito coletivo, dentre as quais as de organização sindical, negociação coletiva, greve e representação dos trabalhadores nas empresas. (NASCIMENTO, 2007, p. 51)

A CLT apenas organiza e sistematiza a legislação esparsa já existente, tratando não só do Direito Individual do Trabalho, mas também do tutelar, do coletivo e até mesmo de normas de processo do trabalho. Vamos encontrar também não só regras pertinentes à relação entre empregado e empregador, mas também normas sobre segurança e medicina do trabalho, sobre fiscalização trabalhista etc. (MARTINS, 2009, p. 39)

Veja-se, por exemplo, a existência de um regime jurídico que tutela o trabalho do menor, assim prescrito no art. 402 e seguintes da CLT.[1]

---

[1] Art. 402. Considera-se menor para os efeitos desta Consolidação o trabalhador de 14 (quatorze) a 18 (dezoito) anos.

Parágrafo único. O trabalho do menor reger-se-á pelas disposições do presente Capítulo, exceto no serviço em oficinas em que trabalhem exclusivamente pessoas da família do menor e esteja este sob a direção do pai, mãe ou tutor, observado, entretanto, o disposto nos arts. 404, 405 e na Seção II.

Art. 403. Ao menor de 14 (quatorze) anos é proibido o trabalho.

Parágrafo único. O trabalho dos menores de 14 (quatorze) anos fica sujeito às seguintes condições, além das estabelecidas neste Capítulo:

a) garantia de frequência à escola que assegure sua formação ao menos em nível primário;

b) serviços de natureza leve, que não sejam nocivos à sua saúde e ao seu desenvolvimento normal.

Art. 404. Ao menor de 18 (dezoito) anos é vedado o trabalho noturno, considerado este o que for executado no período compreendido entre as 22 (vinte e duas) e as 5 (cinco) horas.

Art. 405. Ao menor não será permitido o trabalho:

I - nos locais e serviços perigosos ou insalubres, constantes de quadro para esse fim aprovado pelo Diretor-Geral do Departamento Nacional de Segurança e Medicina do Trabalho;

II - em locais ou serviços prejudiciais à sua moralidade.

§ 1º. Excetuam-se da proibição do item I os menores aprendizes maiores de 16 (dezesseis) anos, estagiários de cursos de aprendizagem, na forma da lei, desde que os locais de trabalho tenham sido previamente vistoriados e aprovados pela autoridade competente em matéria de segurança e medicina do trabalho, com homologação pelo Departamento Nacional de Segurança e Medicina do Trabalho, devendo os menores ser submetidos a exame médico semestralmente.

§ 2º. O trabalho exercido nas ruas, praças e outros logradouros dependerá de prévia autorização do Juiz de Menores, ao qual cabe verificar se a ocupação é indispensável à sua própria subsistência ou à de seus pais, avós ou irmãos e se dessa ocupação não poderá advir prejuízo à sua formação moral.

§ 3º. Considera-se prejudicial à moralidade do menor o trabalho:

a) prestado de qualquer modo em teatros de revista, cinemas, boates, cassinos, cabarés, dancing e estabelecimentos análogos;

2.1.1.2.1 *Hierarquia e vigência das normas do Direito Trabalhista.*

a) Hierarquia.

Existe uma hierarquia jurídica estabelecida para a determinação da supremacia das normas que constituem o ordenamento jurídico de um país ou nação. Fala-se, assim, em normas superiores ou inferiores, sendo que, conforme teoria, ainda dominante, a norma inferior tem seu fundamento de validade na norma superior.

Conforme se dispõe no art. 59 da Constituição Federal:

> O processo legislativo compreende a elaboração de:
> I - emendas à Constituição;
> II - leis complementares;
> III - leis ordinárias;
> IV - leis delegadas;
> V - medidas provisórias;
> VI - decretos legislativos;
> VII - resoluções.
> Parágrafo Único - Lei complementar disporá sobre a elaboração, redação, alteração e consolidação das leis.

De acordo com André Horta M.Veneziano (2009, p. 7), inexiste hierarquia entre a lei complementar, a ordinária, a delegada e a medida provisória, uma vez que todas retiram seus fundamentos de validade da própria Constituição Federal. São, continua o

---

b) em empresas circenses, em funções de acrobata, saltimbanco, ginasta e outras semelhantes;
c) de produção, composição, entrega ou venda de escritos, impressos, cartazes, desenhos, gravuras, pinturas, emblemas, imagens e quaisquer outros objetos que possam, a juízo da autoridade competente, prejudicar sua formação moral;
d) consistente na venda, a varejo, de bebidas alcoólicas.
§ 4º Nas localidades em que existirem, oficialmente reconhecidas, instituições destinadas ao amparo dos menores jornaleiros, só aos que se encontrem sob o patrocínio dessas entidades será outorgada a autorização do trabalho a que alude o § 2º.
§ 5º Aplica-se ao menor o disposto no art. 390 e seu parágrafo único.
Art. 406. O Juiz de Menores poderá autorizar ao menor o trabalho a que se referem as letras *a* e *b* do § 3º do art. 405:
I - desde que a representação tenha fim educativo ou a peça de que participe não possa ser prejudicial à sua formação moral;
II - desde que se certifique ser a ocupação do menor indispensável à própria subsistência ou à de seus pais, avós ou irmãos e não advir nenhum prejuízo à sua formação moral.
Art. 407. Verificado pela autoridade competente que o trabalho executado pelo menor é prejudicial à sua saúde, ao seu desenvolvimento físico ou à sua moralidade, poderá ela obrigá-lo a abandonar o serviço, devendo a respectiva empresa, quando for o caso, proporcionar ao menor todas as facilidades para mudar de funções.
Parágrafo único. Quando a empresa não tomar as medidas possíveis e recomendadas pela autoridade competente para que o menor mude de função, configurar-se-á a rescisão do contrato de trabalho, na forma do art. 483.
Art. 408. Ao responsável legal do menor é facultado pleitear a extinção do contrato de trabalho, desde que o serviço possa acarretar para ele prejuízos de ordem física ou moral.
Art. 409. Para maior segurança do trabalho e garantia da saúde dos menores, a autoridade fiscalizadora poderá proibir-lhes o gozo dos períodos de repouso nos locais de trabalho.
Art. 410. O Ministro do Trabalho poderá derrogar qualquer proibição decorrente do quadro a que se refere o inc. I do art. 405 quando se certificar haver desaparecido, parcial ou totalmente, o caráter perigoso ou insalubre, que determinou a proibição.

autor, hierarquicamente inferiores às leis mencionadas os decretos e regulamentos, até porque emitidos pelo Poder Executivo, bem como as normas internas da Administração Pública, como portaria, circulares, ordens de serviço etc., que são hierarquicamente inferiores até mesmo aos decretos. Já, as convenções, os acordos coletivos e as sentenças normativas são hierarquicamente inferiores à lei. As disposições contratuais são hierarquicamente inferiores aos acordos e convenções coletivas de trabalho. Atenção: Em caso de conflito de normas, aplica-se a mais favorável ao empregado.

b) Vigência.

As normas trabalhistas entram em vigor, normalmente, a partir da sua publicação. Se a norma, for omissa, entrará em vigor 45 dias após a publicação. A convenção ou acordos coletivos entram em vigor três dias após o depósito na DRT (veja-se §1° do art. 614 da CLT). O artigo 867 da CLT dispõe que a sentença normativa entra em vigor a partir da publicação, salvo se as negociações se iniciaram 60 dias antes da data-base, situação em que vigorará a partir da data-base. A lei trabalhista brasileira aplica-se no território brasileiro, tanto aos nacionais quanto aos estrangeiros que trabalham no Brasil. (VENEZIANO, 2009, p. 6-7)

2.1.1.2.1 Legislação não consolidada.

Não é apenas a CLT que versa sobre regras de Direito do Trabalho. Existiram e existem leis não consolidada que tratam de outros direito relativos aos trabalhadores. Vejamos:

a) Lei n. 605/49 – regulamenta o repouso semanal remunerado.

b) Lei n. 5.859/72 – regulamenta o empregado doméstico.

c) Lei n. 5.889/73 – regulamenta o trabalhador rural.

d) Lei n 6.019/74 – regulamenta o trabalhador temporário.

e) Lei n. 7.783/89 – regulamenta a greve.

f) Lei n. 8.036/90 – que regulamenta o FGTS.

Veja-se, (Leis ordinárias: comuns e especiais, Leis ordinárias dispositivas e proibitivas, Leis ordinárias subsidiárias, Poder executivo e regulamentação das leis).

Diz-se que "não apenas as leis emanadas do Poder Legislativo são fontes do Direito do Trabalho, mas também outras normas que têm força de lei" (MARTINS, 2009, p. 39), exemplos:

a) *atos do poder executivo* (provenientes do Poder Executivo), conhecidos por meio dos decretos-leis. Exemplos, o Decreto-lei n 5.452/43 - CLT, Decreto-lei n. 1.535, de 13, 4, 77 que modificou os arts. 129 a 152 da CLT (no tratamento das férias) etc.

b) *sentenças normativas* (é a decisão dos tribunais regionais do trabalho ou do TST o julgamento dos dissídios coletivo).

c) *normas internacionais*, também são fontes de direitos. Veja-se, por exemplo, os tratados e as convenções da OIT, que obrigam seus signatários. (MARTINS, 2009, p. 41)

2.1.2 Fundamentos convencionais do Direito do Trabalho.

São pressupostos não legais do Direito do Trabalho os seguintes:

a) *Convenções e acordos coletivos* são fontes do Direito do Trabalho que expressam a participação e autonomia dos sindicatos nas negociações coletivas.

Conforme prescrito no art. 7º, inciso XXVI da CF: São direitos dos trabalhadores urbanos e rurais, além de outros que visem à melhoria de sua condição social: (...) XXVI - reconhecimento das convenções e acordos coletivos de trabalho.

Vê-se a convenções coletivas de trabalho como sendo "pactos firmados entre dois ou mais sindicatos – estando de um lado o sindicato patronal e do outro o sindicato profissional (dos trabalhadores) – a respeito de condições de trabalho para a categoria (art. 611 da CLT). Todavia os acordos coletivos são os pactos celebrados entre uma ou mais de uma empresa e o sindicato da categoria profissional a respeito de condições de trabalho" (MARTINS, 2009, p. 40):

> Art. 611. Convenções coletivas de Trabalho é o acordo de caráter normativo, pelo qual dois ou mais Sindicatos representativos de categorias econômicas e profissionais estipulam condições de trabalho aplicáveis, no âmbito das respectivas representações, às relações individuais do trabalho.
> § 1º É facultado aos Sindicatos representativos de categorias profissionais celebrar Acordos Coletivos com uma ou mais empresas da correspondente categoria econômica, que estipulem condições de trabalho, aplicáveis no âmbito da empresa ou das empresas acordantes às respectivas relações de trabalho.

b) Contratos de trabalho, as disposições contratuais também são consideradas fontes do Direito do Trabalho. Diz-se das cláusulas inseridas no contrato de trabalho referente às condições de trabalho. Veja-se o já citado artigo 8º da CLT:

> Art. 8º As autoridades administrativas e a Justiça do Trabalho, na falta de disposições legais ou contratuais, decidirão, conforme o caso, pela jurisprudência, por analogia, por equidade e outros princípios e normas gerais de direito, principalmente do direito, e, ainda, de acordo com os usos e costumes, o direito comparado, mas sempre de maneira que nenhum interesse de classe ou particular prevaleça sobre o interesse público.
> Parágrafo único. O direito comum será fonte subsidiária do direito do trabalho, naquilo em que não for incompatível com os princípios fundamentais deste.

Igualmente no art. 444 da CLT se prescreve:

> Art. 444. As relações contratuais de trabalho podem ser objeto de livre estipulação das partes interessadas em tudo quanto não contravenha às disposições de proteção ao trabalho, aos contratos coletivos que lhes sejam aplicáveis e ás decisões das autoridades competentes.

c) Usos e costumes, conforme vimos no art. 8º da CLT, os usos e costumes são considerados importantes fontes do Direito do Trabalho. Trata-se das práticas sociais reiteradas que faz gerar direitos dentro de uma comunidade, nação ou país. São condutas não legais, porém não ilícitas. Assim, por exemplo, "a gratificação é um pagamento feito pelo empregador que tem por natureza o costume. De tanto os empregadores pagarem uma gratificação natalina, ela passou a ser compulsória, dando origem ao atual 13º salário (Lei n. 4.090/62). O próprio contrato de trabalho não precisa ser necessariamente feito por escrito, podendo ser regido por aquelas regras do costume, ou seja, do que foi acordado tacitamente pelas partes (art. 443 da CLT). As horas extras passaram a integrar outras verbas (férias, 13º salário, FGTS, DSR's, aviso prévio etc.) por força do costume, da habitualidade no seu pagamento (...). As parcelas do salário pagas em utilidade (alimentação, vestuário, habitação, transporte etc.) só integrarão o salário se houver habitualidade no seu pagamento, ou seja, por força do costume (art. 458 da CLT). São costumes chamados de *secundum legem*: aqueles que a lei manda observar". (MARTINS, 2009, p. 41)

Capítulo 3
A Relação Jurídica Trabalhista

Conteúdo: 3.1 A relação jurídica trabalhista. 3.2. Sujeitos constitutivos da relação jurídica trabalhista. 3.2.1. Conceito de empregador. 3.2.2. Conceito de empregado. 3.3 Espécies de trabalhadores.

A relação trabalhista é uma relação sociojurídica estabelecida com o intuito de satisfazer necessidades próprias dos seres humanos. Trata-se de um gênero de relação jurídica sem a qual é impossível a convivência humana e, nesse sentido, é impreterivelmente regida por normas sociais: jurídicas ou morais. Neste capítulo importa identificar os elementos constitutivos dessa relação para, seguidamente, indicar as diversas espécies de trabalhadores conhecidas.

3.1 A relação jurídica trabalhista.

Como toda relação jurídica a relação trabalhista é regida por um determinado setor do Direito. Entenda-se, assim, a relação jurídica como sendo um vínculo de direito do qual se originam consequências jurídicas evidentes: um conjunto de direitos e obrigações legais.

Com base nesse raciocínio poder-se-ia concluir que toda relação jurídica é uma relação social, mas nem toda relação social é jurídica. Todavia, se toda relação trabalhista é uma relação jurídica, nem toda relação jurídica é trabalhista.

A respeito da natureza da relação trabalhista, ensina Veneziano (2009, p. 9) que ela "é formada a partir do momento em que uma pessoa presta serviços a outrem". Essa expressão continua o citado autor, tem caráter genérico, uma vez que se refere a toda modalidade de contratação de trabalho humano. Engloba, desse modo, tanto a relação de emprego quanto as relações de trabalho autônomo, eventual, avulso, temporário, estágio etc.

Por sua vez Sergio Pinto Martins (2009, p. 78) diferencia a relação de trabalho da relação de emprego afirmando que a relação de trabalho é o gênero, que compreende o trabalho autônomo, eventual, avulso etc. já a relação de emprego trata do trabalho subordinado do empregado em relação ao empregador.

Destarte, para distinguir as *relações de trabalho* das *relações de emprego*, geralmente, leva-se em conta a *subordinação*, ou seja, um vínculo de dependência estabelecido entre o empregador e o empregado. Assim sendo, a *relação de emprego* seria uma espécie de *relação de trabalho* diferenciada das demais pela presença da subordinação. Predomina, então, o entendimento segundo o qual o trabalho, que deve receber a proteção jurídica por meio do Direito do Trabalho é o *trabalho subordinado*, isto é, o trabalhador subordinado típico. Neste sentido, para alguns autores a Consolidação das Leis do Trabalho é basicamente uma "Consolidação das Leis dos

Empregados", e a Justiça do Trabalho é uma "Justiça dos Empregados". (VENEZIANO, 2009, p. 9)

Mas, como veremos mais adiante as leis trabalhistas não tutelam unicamente os direitos dos empregados, pois a Justiça do Trabalho tem como objeto a relação que é constituída por duas partes, a saber, empregador e empregado para os quais se prescrevem direitos e deveres. Veja-se, por exemplo, o prescrito nos artigos 479 e 480 da CLT.

> Art. 479. Nos contratos que tenham termo estipulado, o empregador que, sem justa causa, despedir o empregado será obrigado a pagar-lhe, a título de indenização, e por metade, a remuneração a que teria direito até o termo do contrato.
> Parágrafo único. Para a execução do que dispõe o presente artigo, o cálculo da parte variável ou incerta dos salários será feito de acordo com o prescrito para o cálculo da indenização referente à rescisão dos contratos por prazo indeterminado.
>
> Art. 480. Havendo termo estipulado, o empregado não se poderá desligar do contrato, sem justa causa, sob pena de ser obrigado a indenizar o empregador dos prejuízos que desse fato lhe resultarem.
> § 1º. A indenização, porém, não poderá exceder àquela a que teria direito o empregado em idênticas condições.

Todavia, conforme explica André Horta M. Veneziano (2009, p. 4), "no Direito do Trabalho há dois tipos fundamentais de relações jurídicas: individuais e coletivas. O Direito Individual do Trabalho tem por objeto o contrato entre empregado e empregador, e o Direito Coletivo, as relações entre sindicatos e empresas".

3.2. Sujeitos constitutivos da relação jurídica trabalhista.

Na caracterização do Direito do Trabalho discutem-se os sujeitos que fazem parte das relações tuteladas. A doutrina geralmente reconhece que os sujeitos que integram tais relações hão de ser assim considerados: *a) empregador*, a empresa individual ou coletiva que admite e assalaria o trabalhador e; *b) empregado* (urbano, rural ou doméstico) dependente ou subordinado. E, assim, se definem legalmente:

3.2.1. Conceito de empregador.

Conforme o art. 2º da Consolidação das Leis do Trabalho:

> Considera-se empregador a **empresa**, individual ou coletiva, que, assumindo os riscos da atividade econômica, **admite**, **assalaria** e dirige a **prestação pessoal de serviços**. (grifo nosso)
>
> § 1º Equiparam-se ao empregador, para os efeitos exclusivos da relação de emprego, os profissionais liberais, as instituições de beneficência, as associações recreativas ou outras instituições sem fins lucrativos, que admitirem trabalhadores como empregados.
> § 2º Sempre que uma ou mais empresas, tendo, embora, cada uma delas, personalidade jurídica própria, estiverem sob a direção, controle ou administração de outra, constituindo grupo industrial, comercial ou de qualquer outra atividade econômica, serão, para os efeitos da relação de emprego, solidariamente responsáveis a empresa principal e cada uma das subordinadas.

Importa observar que na definição anterior estão implícitos os seguintes requisitos:

a) Ser empresa (individual ou coletiva): Vê-se que o principal empregador é a empresa, mas a lei considera o empregador por equiparação, tais como, profissionais liberais, instituições de beneficência, associações recreativas e instituições sem fins lucrativos. Logo, o empregador pode ser dotado ou não de personalidade jurídica, pode ou não visar ou ter fim lucrativo, desde que mantiver trabalhador como empregado.

b) Admitir (contratar), pois o empregador contrata e assume os riscos da atividade econômica e as obrigações que derivam da relação de emprego.

c) Assalariar e dirigir a prestação de serviços: o empregador admite, assalaria e dirige a prestação pessoal de serviços. Ele tem poder de direção, de organização, de controle (fiscalização) e disciplinar (punir).

3.2.2. Conceito de empregado.

O empregado se define como toda pessoa natural ou física que presta serviço de natureza não eventual, conforme estabelece o art. 3º da Consolidação das Leis do Trabalho. Vejamos:

> Considera-se empregado toda **pessoa física** que prestar serviços de **natureza não eventual** a empregador, sob a dependência deste e **mediante salário**.
> Parágrafo único. Não haverá distinções relativas à espécie de emprego e à condição de trabalhador, nem entre o trabalho intelectual, técnico e manual. (grifo nosso)

Vemos, assim, que o empregado é um dos sujeitos da relação jurídica de emprego e não objeto. Todo empregado é trabalhador, mas nem todo trabalhador é empregado, como os autônomos. (MARTINS, 2009, p. 129)

Todavia, a definição legal específica que informa o caráter não eventual continua (não ocasional e sucessivo), não se exaure numa única prestação, como ocorre noutros contratos: compra e venta, permuta, doação etc. onde a entrega da coisa determina a extinção do contrato.

Conforme ensina Veneziano (2009, p. 10-15) são vários os requisitos derivados da análise legislativa, a saber:

a) Pessoa física: Vê-se que o conceito "empregado" inclui a pessoa física (natural), sujeito que trabalha o qual tem direito de proteção da sua vida e dignidade, integridade física, descanso e lazer. Desta forma, exclui-se do alcance do conceito às pessoas jurídicas. Logo, os serviços prestados por pessoas jurídicas não são objeto de regulação do Direito do Trabalho, mas são regulados pelo Direito Civil (Código Civil), legislação, por meio do qual, são denominados contrato de *locação de serviços*.

b) Capacidade jurídica: A capacidade jurídica é um requisito que invalida a relação trabalhista como relação jurídica. Contudo, "o trabalhador só pode iniciar sua vida profissional aos 16 anos, salvo na condição de aprendiz, a partir dos 14 anos de idade, a fim de obter formação técnico – profissionalizante. Aprendiz é o trabalhador com idade entre 14 e 24 anos admitido como empregado na condição de aprendiz, isto é, deve prestar serviços remunerados ligados aos ensinamentos metódicos de uma profissão, cuja formação teórica é feita por meio da matrícula em uma escola de formação profissional (Senai). À relação jurídica desenvolvida na empresa dá-se o nome de 'contrato de aprendizagem'. A aprendizagem pode ser industrial comercial e rural".

O menor, devido a sua condição especial, recebe proteção da Constituição Federal e do Estatuto da Criança e do Adolescente (Lei n. 8.069/90).[2]

c) Pessoalidade: Vê-se que o empregado é um trabalhador que presta pessoalmente serviços. Diz-se do sujeito que tem direitos, como pessoa específica, derivados de um contrato de trabalho, conforme suas qualidades e habilidades profissionais. Nesse sentido o contrato de trabalho é *intuitu personae* ou *personalíssimo*.

d) Habitualidade ou não-eventualidade: O empregado é a pessoa que empresta serviço com habitualidade (continuidade). Vemos aí uma determinada relação não eventual estabelecida entre empregado e empregador.

Trabalhador eventual é aquele que presta serviços *sem habitualidade*. Atende a uma necessidade *excepcional* de serviço, que não se enquadra nas *necessidades normais* da atividade empresarial. É um trabalhador subordinado, porém o que afasta o vínculo empregatício é a *curta duração dos serviços prestados*. (VENEZIANO, 2009, p. 21)

e) Subordinação: A atividade desenvolvida pelo trabalhador (empregado) é dependente dos interesses do empregador conforme contrato de trabalho assinado. Assim, existe a obrigação de o empregado se acolher e respeitar a orientação e os interesses do empregador (tipo de atividade, modo de realização e obrigação de *fazer*). Eis mais uma razão pela qual afirmamos que o Direito do Trabalho tutela interesses que não são unicamente do empregado, mas também do empregador, assim como explicado anteriormente.

Conforme ensina Veneziano, "a distinção fundamental entre empregado e autônomo está na existência ou não de *subordinação*. Autônomo trabalha *sem* subordinação". (VENEZIANO, 2009, p. 21)

f) Onerosidade: o caráter oneroso da relação trabalhista concretiza-se com o salário. Contudo, o empregado é um trabalhador assalariado, isto é, um sujeito que recebe dinheiro (retribuição ou salário) pelos serviços prestados. Eis aí a obrigação de *dar*.

Se por um lado da relação trabalhista nasce a obrigação de fazer (o empregado está obrigado a desenvolver a atividade conforme o interesse do empregador), por outro, existe uma obrigação de dar (sendo que o empregador deverá pagar salário conforme estipulado em contrato.

---

[2] Veja-se art. 7º da CF, incisos XXX (proibição de diferença de salários, de exercício de funções e de critério de admissão por motivo de sexo, idade, cor ou estado civil) e XXXIII. (proibição de trabalho noturno, perigoso ou insalubre aos menores de dezoito e de qualquer trabalho a menores de dezesseis anos, salvo na condição de aprendiz, a partir de quatorze anos). Veja-se, igualmente, o art. 67, inc. II do Estatuto da Criança e do Adolescente.

Finalmente, se observa que a *exclusividade* e o *lugar de trabalho* não condicionam a relação de emprego. Vê-se que:

> a exclusividade na prestação não é uma exigência legal. Legalmente, nada impede que alguém possa ter mais de um emprego. É caracterizado como empregado o trabalhador que presta serviços em seu próprio domicílio, desde que esteja caracterizada a relação de emprego (CLT, art. 6º). Assim, o trabalho em domicilio é aquele realizado na própria residência do trabalhador ou em outro local, por ele mesmo escolhido, portanto, longe da observação do empregador. (VENEZIANO, 2009, p. 10-11)

Conforme o art. 6º da CLT: *Não se distingue entre o trabalho realizado no estabelecimento do empregador e o executado no domicílio do empregado, desde que esteja caracterizada a relação de emprego*. Vejam-se, igualmente, os artigos 2º, 3º, 29, 30 e 83 da CLT[3] e artigo 7º da Constituição Federal.

3.3 Espécies de trabalhadores.

O vocábulo "trabalhador" é genérico, isto é, ele se refere ao gênero: toda atividade ou trabalho.

Conforme explica Amauri Mascaro (2007, p. 176), além do empregado comum, há tipos especiais de trabalhadores que são chamados de empregados e que são contemplados na legislação pátria.

Ora, para melhor compreender a distinção entre *trabalhador* e *empregado* propomos o estudo da seguinte classificação: a) Autônomo: ex. os típicos previstos na CLT e os atípicos ou especiais (doméstico); b) Eventuais: ex. o rural; c) Avulso; d) Voluntário.

Vejamos, a seguir, a significação de cada espécie de trabalhador não considerado empregado:

a) Trabalhador autônomo, aquele que se dedica a uma atividade com total autonomia (com nome e regras próprias). É a pessoa física que exerce trabalho por conta própria com habitualidade (de forma continua): atividade econômica de natureza urbana, com fins lucrativos ou não, assumindo o risco de sua atividade econômica. É uma definição encontrada no art. 12 da Lei n. 8.212/91.

Vê-se, assim, que o autônomo não é um trabalhador subordinado. A CLT não se aplica ao trabalhador autônomo, apenas a empregados. Vejam-se, com exemplos: o motorista de taxi o representante comercial etc.

b) Trabalhador eventual, conforme o mesmo art. 12 da Lei n. 8.212/91 define-se o trabalhador eventual como aquele que presta serviço de natureza urbana ou rural em caráter eventual, a uma ou mais empresas, sem relação de emprego. Assim, trabalhador eventual é a pessoa física que presta serviços esporádicos a uma ou mais pessoas. Ex.: o eletricista que repara a instalação elétrica da empresa (MARTINS, 2009, p. 155).

---

[3] Art. 83 da CLT. É devido o salário mínimo ao trabalhador em domicílio, considerado este como o executado na habitação do empregado ou em oficina de família, por conta de empregador que o remunere.

Todavia como exemplo, podemos citar: o pintor, o pedreiro, o músico de casamento e demais animadores de festas.

c) Trabalhador avulso é todo trabalhador sem vínculo empregatício que, sindicalizado ou não, tenha a concessão de direitos de natureza trabalhista executada por intermédio de respectiva entidade de classe. Com a edição da Lei 5.890/73 o trabalhador avulso foi integrado no sistema previdenciário a condição de autônomo. Por meio do Decreto n. 89.312/84, em seu art. 5º, prescreve-se que avulso é quem presta serviço a diversas empresas, pertencendo ou não a sindicato, inclusive o estivador, conferente ou semelhado. O trabalhador avulso é, assim, a pessoa física que presta serviço sem vínculo empregatício, de natureza urbana ou rural, a diversas pessoas, sendo sindicalizado ou não, com intermediação obrigatória do sindicato da categoria profissional ou do órgão gestor de mão-de-obra. Distingue-se o avulso do trabalhador eventual. O primeiro tem todos os direitos previstos na legislação trabalhista, o segundo só tem direito ao preço estabelecido no contrato e à multa pelo inadimplemento do acordo. O avulso é arregimentado pelo sindicato, o eventual não. São exemplos de trabalhadores avulsos o estivador, o conferente de carga e descarga, o amarrador da embarcação no porto etc. (MARTINS, 2009, p. 157-158)

Trabalhador avulso é aquele que, sindicalizado ou não, presta serviço de natureza urbana ou rural a diversas empresas, sem vinculo empregatício, com a intermediação obrigatória do sindicato da categoria ou do órgão gestor de mão-de-obra. Assim, verificam-se as seguintes características: a) eventualidade (prestação de serviços de curta duração); b) subordinação (trabalha por conta alheia e com dependência); c) variedade de empregadores (os avulsos prestam serviços a diversos e indiscriminados empregadores, sem relação de continuidade); d) intermediação (o avulso trabalha agrupado em torno de um órgão específico, por intermédio do qual desenvolve suas atividades). (VENEZIANO, 2009, p. 21)

Diz-se do trabalhador eventual que oferece sua força de trabalho por intermédio de um órgão (órgão gestor de mão-de-obra) durante curtos períodos de tempo a distintos tomadores. O trabalhador atua por meio de uma entidade intermediária que lhe paga. O trabalhador avulso se classifica em portuário ou não portuário.

d) Trabalhador voluntário. Considera-se trabalho voluntário a atividade não remunerada prestada por pessoa física a entidade pública de qualquer natureza, ou a instituição privada sem fins lucrativos, que tenha objetivo cívicos, culturais, educacionais, científicos, recreativos ou de assistência social, inclusive mutualidade (art. 1º da Lei n. 9.608). Diz-se do serviço voluntário como uma doação do trabalho da pessoa, sem qualquer contraprestação pecuniária por parte do tomador dos serviços. São trabalhos humanitários, caritativos, desinteressados de qualquer retribuição pecuniária. O trabalho voluntário distingue-se do religioso pelo caráter não remunerado onde a fé não intervém. (MARTINS, 2009, p. 170-171)

Vê-se que o trabalhador voluntário não é empregado, ele desenvolve atividade não remunerada prestada por pessoa física com animo benevolente. O trabalho voluntário geralmente se desenvolve por meio de um termo de adesão entre o prestador do serviço e a instituição beneficiada.

O trabalho voluntário tem natureza de contrato gratuito, onde se destaca o termo de adesão, constando objeto e condições de trabalho a serem prestados. Pode ou não haver subordinação, mais não gera vínculo de emprego ou qualquer obrigação de natureza trabalhista, como, por exemplo, férias, 13º salários, horas extras e recolhimento de contribuição previdenciária. Não há incidência do FGTS. Tal serviço não gera direitos para o prestador, nem o empregador é obrigado a pagar verbas de natureza trabalhista ou a recolher contribuições sociais. Não há contrato de trabalho porque falta o elemento remuneração. O trabalhador presta serviços gratuitos. (MARTINS, 2009, p. 172)

Vejamos, a seguir, a significação de cada espécie de trabalhador considerado empregado:

e) Típico urbano é aquele trabalhador que, como explicamos anteriormente, sabe-se definido e previsto na CLT. Conforme art. 3º da CLT é toda pessoa física que prestar serviços de natureza não eventual a empregador, sob a dependência deste e mediante salário. Vejam-se as características já explicadas no *2.2.*

f) Empregado doméstico, "trabalhador doméstico não é regido pela CLT, mas por lei especial (Lei. n 5.859, de 1972). Segundo a lei (art. 1º) é aquele que presta serviços de natureza contínua e de finalidade não lucrativa a pessoa ou a família, no âmbito residencial desta". (NASCIMENTO, 2007, p. 176)

Empregado doméstico é um empregado especial, exemplo: baba, copeiro, motorista, caseiro etc. Não pode ter valor lucrativo para o tomador (patrão). A pessoa jurídica não é empregador doméstico. Os serviços são prestados no âmbito residencial do empregador.

Diz-se que o caráter "contínuo" é a característica que distingue o trabalhador eventual do eventual doméstico. A definição legal "não foi correta quando dispôs que o doméstico presta serviços no âmbito residencial. Melhor seria se dissesse 'para o âmbito residencial'. Há domésticos que exercem serviços externos, como o motorista". A referência da definição de finalidade não lucrativa é para excluir do conceito de doméstico todo trabalho que, embora realizado no âmbito residencial, não seja destinado ao desenvolvimento da vida do lar, mas a uma atividade comercial ou industrial. Exemplificando, se um dentista tem consultório numa das dependências da sua residência a faxineira que faz a limpeza daquele, enquanto a fizer, não estará desenvolvendo um trabalho doméstico. Se a dona da casa vende roupas em seu lar, a empregada que a ajuda nessa função não será doméstica, mas empregada regida pela CLT. (NASCIMENTO, 2007, p. 176)

g) Empregado rural, "a Convenção n. 141 da OIT, de 1975, define o trabalhador rural como toda pessoa que se dedica, em região rural, a tarefas agrícolas ou artesanais ou a serviços similares ou conexos, compreendendo não só os assalariados, mas também aquelas pessoas que trabalham por conta própria, como arrendatários, parceiros e pequenos proprietários". (MARTINS, 2009, p. 140)

Na Constituição Federal de 1988 equiparam-se os direitos dos trabalhadores rurais e urbanos: "*São direitos dos trabalhadores urbanos e rurais, além de outros que visem à melhoria de sua condição social: (...)*".

O empregado rural é a pessoa física que, em propriedade rural ou prédio rústico, presta serviços com continuidade a empregador rural, mediante dependência e salário (art. 2º da Lei n. 5889/73). O empregador rural é a pessoa física ou jurídica, proprietário ou não, que explore atividade agroeconômica, em caráter permanente ou temporário, diretamente ou por meio de prepostos e com auxílio de empregados (art. 3º da Lei n. 5.889/73). Prédio rústico é o destinado à exploração agrícola, pecuária ou agroindustrial. (MARTINS, 2009, p. 141)

Desta forma o trabalhador rural é quem presta serviço ao empregador rural. Exemplos: veterinários, agrônomos, escriturários da Fazenda etc.

Existem outras denominações que alguns doutrinadores consideram trabalhadores, outros empregados. Vejamos.

a) Empregado em domicílio, diz-se de um trabalho originário do trabalho artesanal (familiar), da pequena indústria, realizado em troca de remuneração, cuja produção final era vendida a intermediários. Empregado em domicílio é aquele que, conforme o art. 83 da CLT presta serviço em residência ou em oficina de família por conta de remuneração do empregador. Exemplo: costureira que trabalha em domicílio com ajuda da família.

Juridicamente, não se distingue entre o trabalho realizado no estabelecimento do empregador e o executado no domicílio do empregado, desde que esteja caracterizada a relação de emprego. (Art. 6º da CLT)

Significa que para distinguir esta denominação de outras, se deve caracterizar a relação de emprego: a pessoalidade, subordinação e remuneração. Caso não haja vínculo o trabalhador em domicilio será considerado autônomo.

Conforme a Convenção 177 da OIT, de 1996, o trabalho em domicilio é o trabalho que uma pessoa realiza em troca de remuneração, em seu domicílio ou em outros locais distintos dos locais normais de trabalho do empregador, com o fim de elaborar um produto ou prestar um serviço, conforme especificações do empregador, independentemente de quem proporcione os materiais, equipamentos ou outros elementos necessários para esse trabalho (art. 1º). A Recomendação n. 184 da OIT versa sobre a necessidade de designar a autoridade encarregada de definir e aplicar a política nacional em matéria de trabalho em domicílio e de manter atualizadas as informações sobre o referido trabalho. O trabalho em domicilio refere-se tanto ao trabalho realizado na casa do empregado, em sua habitação ou moradia, mas também domicílio legal. É o que ocorre, muitas vezes, com as costureiras, que trabalham em suas residências. O art. 83 da CLT usa a expressão oficina de famílias. Se o trabalho for realizado em oficina de família, também será considerado como domicílio do empregado (lugar escolhido pelo empregado para a prestação dos serviços ao empregador ou até na casa do intermediário). (MARTINS, 2009, p. 135-136)

Uma nova figura de trabalhador em domicílio surge com o desenvolvimento tecnológico: Tele-trabalho, modalidade derivada do desenvolvimento da informática para a qual não existe regra jurídica. Daí, a necessidade de considerar o art. 6º da CLT por analogia. O enquadramento desta forma dependerá do vínculo e da forma de prestação de serviço. Quem presta serviço por meio do Tele-trabalho poderá, conforme o vínculo, ser considerado empregado ou autônomo.

b) Empregado aprendiz, considera-se aprendiz a pessoa que, com idade 14 e 24 anos, inicia-se no processo de aprendizagem. Eis a definição, conforme o art. 428 da CLT (redação alterada pela Lei n. 11.180, de 23, 9,2005). O menor aprendiz não poderá perceber menos de que um salário mínimo por mês, calculado à base horária. A aprendizagem é um contrato especial, ajustado por escrito e por prazo determinado. É, portanto, um contrato de trabalho, devendo o empregado ser registrado desde o primeiro dia de trabalho, embora haja ao mesmo tempo caráter discente. Poderá a aprendizagem ser, porém, tanto industrial, como comercial ou rural. (MARTINS, 2009, p. 135-137)

Todavia, a Constituição Federal proíbe o trabalho do menor de 16 anos, prevista no art. 7º, XXXIII: *proibição de trabalho noturno, perigoso ou insalubre aos menores de dezoito e de qualquer trabalho a menores de dezesseis anos, salvo na condição de aprendiz, a partir de quatorze anos.*

c) Empregado público, é o funcionário da União, Estado, municípios, suas autarquias e fundações que seja regido pela CLT, tendo todos os direitos igualados aos do empregado comum. Não é regido por estatuto do funcionário público. Assim, o pessoal admitido para emprego público na Administração federal direta, autárquica e fundacional terá sua relação de trabalho regida pela CLT e legislação trabalhista correlata (art. 1º da Lei n. 9.962/2000). Carreiras específicas serão reguladas pela Lei n. 8.112/90 ou por legislação especial, como magistrado, promotores, diplomatas, auditores fiscais, delegados etc. Todavia, a contratação de pessoal para emprego público deverá ser precedida de concurso público de provas ou de provas e títulos (art. 37, II, e S. 331, II, do TST). Os funcionários de empresas públicas, sociedades de economia mista e outras entidades que explorem atividade econômica sujeitam-se ao regime jurídico das empresas privadas, inclusive quanto às obrigações trabalhistas (art. 173, § 1º, II, da Constituição Federal), mostrando que são verdadeiros empregados, com todos os direitos previstos na CLT. (MARTINS, 2009, p. 142)

O funcionário público é o trabalhador da administração pública regido pelo estatuto do servidor público. Já o empregado público é o trabalhador da administração pública regido pela CLT e considerado como empregado.

d) Trabalhador temporário, trabalhador temporário é empregado da empresa de trabalho temporário, embora preste serviços no estabelecimento do tomador de serviços ou cliente. O trabalho temporário é previsto em lei especial (Lei n. 6.019/74). É a pessoa física contratada por empresa de trabalho temporário, para prestação de serviço destinado a atender à necessidade transitória de substituição de pessoal regular e permanente ou a acréscimo extraordinário de tarefas de outras empresas. (art. 16 do Decreto n. 73.841/74). (MARTINS, 2009, p. 147)

e) Estagiário, conforme a Lei n. 11.788/08: estágio é ato educativo escolar supervisionado, desenvolvido no ambiente de trabalho, que visa à preparação para o trabalho produtivo de educandos que estejam frequentando o ensino regular em instituições de educação superior, de educação profissional, de ensino médio, da educação especial e dos anos finais do ensino fundamental, na modalidade profissional da educação de jovens e adultos. O estágio visa ao aprendizado de competências próprias da atividade profissional, objetivado o desenvolvimento do educando para a vida cidadã e para o trabalho (§ 2º do art. 1º da Lei n. 11.788). (MARTINS, 2009, p. 159-160)

Assim, o estagiário se distingue do aprendiz. O estagiário não é empregado, desde que cumpridas as determinações da lei. O aprendiz sempre será empregado, tendo contrato de trabalho (art. 428 da CLT). Trata-se de uma espécie de contrato de trabalho especial. O estagiário também se diferencia do empregado em domicílio. Este executa o trabalho na sua própria habitação ou em oficina de família, por conta do empregador que o remunere (art. 83 da CLT). O trabalhador em domicílio é empregado, enquanto o estagiário não o é. A diferença entre o estagio e o contrato de trabalho é que o primeiro o objetivo é a formação profissional do estagiário, tendo, portanto, finalidade pedagógica, embora haja pessoalidade, subordinação, continuidade e uma forma de contraprestação. O estágio pode ser obrigatório ou não, conforme determinação das diretrizes curriculares da etapa, modalidade e área de ensino e do projeto pedagógico do curso (art. 2º da Lei n. 11.788/08). (MARTINS, 2009, p. 160)

f) Empregado de cargo de confiança, diz-se do cargo de alta hierarquia ocupados nas empresas (gerentes, diretores, chefes de departamento). Depositário de uma confiança do empregador. Segundo o art. 62, inciso II da CLT são considerados exercente de cargo de gestão: os gerentes, os diretores e chefes de departamento ou filial. Este tipo de empregado não está subordinado a horário, mas não tem direito a horas extras. O salário do cargo de confiança compreendendo a gratificação de função, se houver, não poderá ser inferior ao valor do respectivo salário efetivo acrescido de 40% (quarenta por cento.). Veja-se parágrafo único do art. 62 da CLT.

g) Diretor Estatutário, diz-se do diretor de Sociedade Anônima. Profissional de alta qualificação que mantém vínculo de emprego com a companhia. Diz-se dos trabalhadores quase autônomos, modalidade que possui todas as características do contrato do trabalho. No tem direito trabalhista exceto ao Fundo de Garantia que é opcional.

h) Mãe social. Trata-se da trabalhadora que presta serviço numa casa lar onde reside com até 10 menores que recebem ensino profissionalizante e são encaminhados ao mercado de trabalho. A finalidade de criar um ambiente familiar para o desenvolvimento e integração social. Os menores são considerados dependentes da mãe social à qual são assegurados direitos mínimos, a saber: anotação na carteira, remuneração não menor de um salário mínimo, gratificação de natal, 30 dias de férias, Fundo de Garantia etc. Lei 7.644/1987 criou a figura especial da mãe social. A legislação não define se há vínculo de emprego.

i) Indígenas. A contratação de indígenas isolados é nula. O contrato com indígenas em via de integração é permitido, sendo obrigatória a previa aprovação do órgão de proteção ao índio. Veja-se Lei 6001/1973.

j) Presos. O trabalho é direito e dever dos presos. É um trabalho sempre remunerado em valor não inferior a ¾ do salário mínimo. O trabalho do preso não se subordina à CLT, mas tem direito aos benefícios previdenciários. A remuneração deverá atender a assistência à família e reparação dos danos do crime. Veja-se art. 39 do Código Penal e art. 29 da Lei de Execuções Penais.

Capítulo 4
Constituição da Relação de Emprego

Conteúdo: 4.1 O contrato de trabalho. 4.1.1 Elementos constitutivos do contrato de trabalho. 4.1.2 Natureza do contrato de trabalho. 4.1.3 Características do contrato de trabalho. 4.1.4 Classificação do contrato de trabalho. 4.1.5 Ineficácia do contrato de trabalho. 4.1.6 Modificação ou alteração do contrato de trabalho. 4.1.7 Suspensão, interrupção, extinção ou cessação do contrato de trabalho. 4.2 Conflitos derivados da relação trabalhista. 4.2.1. Justa causa do empregado. 4.3 Justiça do trabalho.

O presente tema faz parte do Direito Individual do Trabalho. Diz-se de um segmento do Direito do Trabalho que estuda o contrato individual do trabalho e as regras legais ou normativas a ele aplicáveis. Deve-se ver o Direito Individual do Trabalho não como um ramo autônomo, mas como parte ou divisão do Direito do Trabalho. Trata-se, pois, de um direito que estuda a relação individual do trabalho e não as relações coletivas de trabalho, que ficam a cargo do Direito Coletivo do Trabalho. (MARTINS, 2009, p. 77)

4.1 O contrato de trabalho.

A relação de emprego se constitui com base no contrato de trabalho do qual se origina a relação jurídica de tipo empregatícia, ou seja, a relação de emprego.

Se bem o contrato, como instituto jurídico, procede do Direito Civil, seu termo ou conceito passou a fazer parte da relação de trabalho que, durante muito tempo, teria sido identificada com a locação de serviços e, por esse motivo, seria regida pelos arts. 1.216 a 1.236 do Código Civil de 1916. Mas, tecnicamente, as legislações trabalhistas consagraram a autonomia ao conceito, ora no contexto deste importante Direito, passando a ser usado na Lei n. 62, de 5, 6, 1935. (MARTINS, 2009, p. 78)

Deve-se reconhecer que, o conceito "contrato", se bem tem origem no Direito Civil, sua noção é aplicada em todos os ramos jurídicos e, mais especificamente, ao Direito do Trabalho, conforme definição legal, prescrita no artigo 442 da CLT: *o contrato individual de trabalho é o acordo tácito ou expresso, correspondente à relação de emprego.*

Assim, o contrato individual de trabalho pode ser definido como o vínculo jurídico que une o empregador e o empregado: diz-se de um negócio jurídico expresso ou tácito, verbal e escrito, por meio do qual o empregado se obriga a prestar serviços ao empregador de forma não eventual, subordinada, pessoal e mediante pagamento de salário. Contrato onde se estipulam as condições de trabalho, ou seja, local, horário, função etc. o contrato de trabalho pode ser orar ou escrito.

Em efeito, o contrato de trabalho é visto como uma das causas da relação de emprego, pois, na verdade, a "relação de emprego é a situação jurídica que pode, ou não, decorrer do contrato de trabalho" (VENEZIANO, 2009, p. 58). Mas, especificamente, a relação de emprego é a relação jurídica da qual derivam direitos e obrigações para os sujeitos que a constituem: empregado e empregador.

4.1.1 Elementos constitutivos do contrato de trabalho.

Tecnicamente, para que o contrato surta efeitos jurídicos hão de se confirmar os seguintes elementos ou requisitos:

a) Consentimento emitido por agente capaz: (Veja-se art. 104 do Código Civil[4]) Quanto à *capacidade jurídica* exige-se ser maior de 18 anos, idade que marca a plena capacidade para celebrar contrato de trabalho. Conforme prescrito na CF de 1988 proíbe-se o trabalho a menores de **16 anos**. Permite-se somente sob a condição de aprendiz (art. 7º, XXXIII da CF). Todavia, pelo seu art. 227 se prescreve para a admissão ao trabalho, a idade mínima de 14 anos.[5] Veja-se igualmente o Estatuto da Criança e do Adolescente (ECA – Lei n. 8.069, de 13,7,1990, art. 2º e 60).

Quanto ao vício de consentimento, cita-se (por analogia) o dolo, a coação (moral) como elementos que invalidam o contrato de trabalho. Aplica-se, igualmente, ao contrato de trabalho os inc. I a III do § 1º do art. 167 do Código Civil, que trata da simulação. Comumente, a situação, no que tange ao contrato de trabalho (dissimulado), prende-se a um suposto contrato de sociedade (simulado). (VENEZIANO, 2009, p. 60)

> Art. 167 do Código Civil: É nulo o negócio jurídico simulado, mas subsistirá o que se dissimulou, se válido for na substância e na forma.
> § 1º Haverá simulação nos negócios jurídicos quando:
> I - aparentarem conferir ou transmitir direitos a pessoas diversas daquelas às quais realmente se conferem, ou transmitem;
> II - contiverem declaração, confissão, condição ou cláusula não verdadeira;
> III - os instrumentos particulares forem antedatados, ou pós-datados.
> § 2º Ressalvam-se os direitos de terceiros de boa-fé em face dos contraentes do negócio jurídico simulado.

b) Objeto lícito. O contrato de trabalho deve ter objeto lícito, isto é, deve ser estipulado conforme a lei (atividade lícita é aquela cujo objeto é legal, permitido em Direito). Assim, conforme o estabelecido no art. 444 da CLT: *As relações contratuais de trabalho podem ser objeto de livre estipulação das partes interessadas em tudo*

---

[4] Art. 104. A validade do negócio jurídico requer:
I - agente capaz;
II - objeto lícito, possível, determinado ou determinável;
III - forma prescrita ou não defesa em lei.

[5] Constituição Federal, Art.227 - É dever da família, da sociedade e do Estado assegurar à criança e ao adolescente, com absoluta prioridade, o direito à vida, à saúde, à alimentação, à educação, ao lazer, à profissionalização, à cultura, à dignidade, ao respeito, à liberdade e à convivência familiar e comunitária, além de colocá-los a salvo de toda forma de negligência, discriminação, exploração, violência, crueldade e opressão.
(...)
§ 3º - O direito à proteção especial abrangerá os seguintes aspectos:
I - idade mínima de quatorze anos para admissão ao trabalho, observado o disposto no art. 7º, XXXIII;
(...).

quanto não contravenha às disposições de proteção ao trabalho, aos contratos coletivos que lhes sejam aplicáveis e às decisões das autoridades competentes.

É necessário distinguir entre trabalho ilícito e trabalho proibido. O trabalho proibido é o que, por diversos motivos, a lei impede que seja exercido por determinadas pessoas ou em determinadas circunstancias, sem que essa proibição decorra da moral ou dos bons costumes. Se se trata de trabalho simplesmente proibido, o trabalhador pode reclamar o que lhe caiba pelos serviços prestados, ainda que o contrato seja nulo. A nulidade do contrato pela incapacidade do agente, por exemplo, constitui medida de proteção ao incapaz. Assim, se um menor é admitido como empregado, desfeito o contrato sem culpa sua, terá todos os direitos que a lei assegura a quem presta trabalho subordinado e em função do tempo de serviço. (VENEZIANO, 2009, p. 62)

c) Causa. Motivo, interesse ou necessidade socioeconômica da relação negocial.

d) Forma. Não existe forma especial exigida pela lei. Assim, para ser válido o contrato de trabalho independe da forma pela qual foi elaborado. A forma pode ser oral ou escrita, expressa ou tácita. Ora, existem exceções, como é o caso dos contratos de trabalho por prazo determinado, que só têm validade quando acordados por escrito.

Vejam-se, igualmente, os artigos 7º, XXXIII, da CF/88; e arts. 32, 443 e 444 da CLT.

4.1.2 Natureza do contrato de trabalho.

Vê-se que, conforme a sua natureza, o contrato de trabalho, na grande sociedade industrial contemporânea, reveste o caráter de *contrato de adesão*, normalmente tácito ou verbal e por prazo indeterminado; o comum é que os trabalhadores aceitem ou rejeitem as condições que lhe são oferecidas. De qualquer forma, mesmo aí há acordo de vontades, declaração inequívoca de aceitação, com a aplicação de todos os possíveis vícios de consentimento. Logo, existe um consenso acerca de que a relação de emprego tem *caráter contratual*, na medida em que o consentimento (acordo de vontade) é elemento essencial à sua configuração. Diz-se de um negócio jurídico de direito privado, expresso ou tácito, pelo qual uma pessoa física (empregado) presta serviços continuados e subordinados a outra pessoa física ou jurídica (empregador), mediante o pagamento de salário. (VENEZIANO, 2009, p. 63-64)

4.1.3 Características do contrato de trabalho.

Conforme Veneziano (2009) são características do contrato de trabalho as seguintes:

a) Intuito personae, o contrato de trabalho é instituto que pressupõe individualidade, profissionalismos, habilidade (do empregado) e confiança de ambas as partes: empregado e empregador.

b) Consensual, pois resulta de um acordo de vontades e da lei, não existindo forma especial para sua validade.

c) Bilateral (ou sinalagmático), pois gera deveres e obrigações entre cada uma das partes.

d) Sucessivo ou continuado, o contrato pressupõe a continuidade da prestação de serviço a obrigação sucessiva de fazer. Daí o contrato não se esgota em sua única prestação.

e) Oneroso (não gratuito), pois o contrato de trabalho pressupõe o pagamento de uma remuneração como contraprestação dos serviços realizados.

f) Principal, é um contrato que não depende de outros contratos. Ora, pode vir acompanhado de outros contratos acessórios, como por exemplo, do contrato de uso e/ou depósito, quando o empregado se torna depositário de instrumentos de trabalho pertencentes ao empregador. É o caso do secretário que se usa dos materiais, computador etc. do empregador.

4.1.4 Classificação do contrato de trabalho.

O contrato de trabalho pode ser classificado de diversos modos, a saber:

A) Quanto à forma, pode ser *tácito* ou *expresso* de forma *verbal* ou *escrito*.

Vê-se que o contrato de trabalho, conforme o art. 443 da CLT pode ser celebrado verbalmente. Espera-se, contudo, que o contrato por tempo determinado seja de forma escrita, objetivando inibir os conflitos derivados da contratação.[6]

B) Quanto à duração, pode ser:

1- *por prazo determinado*, aquele cujo término foi previsto no momento de sua celebração. É modalidade de contrato excepcional, usada somente em alguns casos. Diz-se do contrato cuja vigência depende de termo prefixado ou da execução de serviços especificado ou ainda da realização de certo acontecimento suscetível de previsão aproximada. (artigo 443, § 1º da CLT).

Conforme, exemplifica Sergio Martins, temos o serviço condicionado à execução de serviço específico como a contratação de técnico para treinamento de operadores, a implantação de equipamento altamente sofisticado. (MARTINS, 2009, p. 103)

De acordo com o artigo 443, § 2º da CLT: O contrato por prazo determinado só será válido em se tratando:

---

[6] Art. 443. O contrato individual de trabalho poderá ser acordado tácita ou expressamente, verbalmente ou por escrito e por prazo determinado ou indeterminado.
§ 1º Considera-se como de prazo determinado o contrato de trabalho cuja vigência dependa de termo prefixado ou da execução de serviços especificados ou ainda da realização de certo acontecimento suscetível de previsão aproximada.
§ 2º O contrato por prazo determinado só será válido em se tratando:
a) de serviço cuja natureza ou transitoriedade justifique a predeterminação do prazo;
b) de atividades empresariais de caráter transitório;
c) de contrato de experiência.

a) de serviço cuja natureza ou transitoriedade justifique a predeterminação do prazo (exemplo: pessoal contratado para proceder à montagem de um sistema de computadores em rede);

b) de atividades empresariais de caráter transitório (exemplo: a empresa criada exclusivamente para o fim de comercializar artigos e enfeites do carnaval);

c) de contrato de experiência, contrato que tem a finalidade de propiciar ao empregador a constatação da capacidade funcional do empregado na execução do serviço.

Vejam-se art. 1º da Lei n. 9.601/98: prazo de duração (não pode ser estipulado por período superior a dois anos), prorrogação (permite-se uma única prorrogação, caso contrário passará a ser considerado indeterminado), sucessão (para celebrar novo contrato a prazo com o mesmo empregado, é necessário um intervalo de no mínimo seis meses, sob pena de o referido contrato transformar-se em prazo indeterminado), cláusula de rescisão antecipada (existindo tais cláusulas incidirão as normas concernentes aos contratos de trabalho por prazo indeterminado).

Veja-se igualmente: arts. 445, 451, 452 e 481 da CLT e art. 2º do Decreto n. 2.490/98.

Observações:

Contrato de experiência: Diz-se de um contrato que já foi denominado de diferentes formas, a saber, período de experiência, contrato de prova, pacto de prova, pacto de experiência, contrato de experiência, período de prova etc. Ora, a denominação legal é *contrato de experiência* conforme o estabelecido no § 2º do artigo 443 da CLT e parágrafo único do art. 445 da CLT.

Conforme explica Sergio Pinto Martins (2009, p. 110), "distingue-se o contrato de experiência do contrato de aprendizagem. Neste, o empregado estuda para exercer a profissão, para adquirir capacidade. No contrato de experiência, verifica-se um período em que, por exemplo, vai ser testado o empregado, sem ter uma característica de aprendizado".

Todavia, o contrato de experiência se diferencia do contrato de trabalho temporário previsto na Lei n. 6.019/74. Neste, o prazo máximo é de três meses (art. 10 da Lei n. 6.019). Em caso de contrato de experiência, o prazo máximo será de 90 dias. Veja-se que o prazo do primeiro é estabelecido em meses e o prazo do segundo em dias. Igualmente, o contrato de experiência visa à verificação da aptidão do empregado. Já o contrato temporário satisfaz a necessidade transitória de substituição regular e permanente do pessoal da tomadora ou a acréscimo extraordinário de serviços. O contrato de experiência pode ser prorrogado uma única vez, quando celebrado por período inferior ao máximo legal, desde que, com a prorrogação não ultrapasse 90 dias.

2- *por prazo indeterminado*, onde não existe termo para a cessação do contrato. É a regra geral de contratação, pois "o contrato de trabalho é um contrato de prestações sucessivas, de duração. Em razão do princípio da continuidade do contrato de trabalho, presume-se que este perdura no tempo. A exceção é a contratação por prazo determinado, de acordo com as determinações especificas contida na lei". (MARTINS, 2009, p. 103)

Vejam-se outras modalidades do contrato de trabalho por tempo determinado, a saber:

1. Contrato de trabalho por obra certa, tipo de trabalho por tempo determinado que se enquadra no especificado no art. 443, § 1°, 445, 451 da CLT.

2. Trabalho a tempo parcial, (*part time* em inglês), diz-se do contrato que não excede das 25 horas semanais, conforme art. 58-A da CLT. Desta forma, "o trabalhador comum terá módulo de 44 horas. O trabalhador a tempo parcial prestará serviços por, máximo, 25 horas por semana. Isso corresponde a 5 horas por dia vezes 5 dias úteis, totalizando 25 horas por semana. Poderá o trabalhador ser contratado para trabalhar menos de cinco horas por dia, como quatro ou três horas. Não se confunde o trabalho a tempo parcial com certas categorias que têm jornada diferenciada, como médicos (4 horas), ascensoristas (6 horas) etc. A natureza jurídica do contrato de trabalho a tempo parcial é de ajuste especial, em que prepondera um número de horas por semana de trabalho, que pode ser distribuído entre os dias trabalhados. (MARTINS, 2009, p. 127)

4.1.5 Ineficácia do contrato de trabalho.

Considera-se nulo o contrato de trabalho verificando-se as mesmas hipóteses pelas quais se determina a nulidade do ato jurídico, conforme art. 166 do Código Civil.

Todavia, o contrato é nulo (nulidade absoluta ou de pleno direito) quando é celebrado com o objetivo de desvirtuar, impedir ou fraudar as normas de proteção ao trabalho, de acordo com o estabelecido no art. 9° da CLT: *Serão nulos de pleno direito os atos praticados com o objetivo de desvirtuar, impedir ou fraudar a aplicação dos preceitos contidos na presente Consolidação.*

Contudo, a nulidade no contrato de trabalho pode ser parcial (nulidade relativa). Diz-se da nulidade que afeta unicamente a uma das cláusulas do contrato. Assim sendo, prevalecem as demais cláusulas contratuais, desde que a cláusula nula não constitua elemento substancial do contrato. Desta forma, quando a cláusula desrespeita o conteúdo mínimo necessário do contrato, decorrente da lei, do contrato coletivo ou da sentença normativa, dá-se sua automática substituição, na medida dessa regulamentação. A nulidade é então automaticamente, sanada em benefício do empregado, já que o "contrato mínimo" não pode ser afastado pela vontade das partes. (VENEZIANO, 2009, p. 61)

4.1.6 Modificação ou alteração do contrato de trabalho.

Conforme princípio da não-modificabilidade, temos como regra geral que o contrato de trabalho não pode ser modificado unilateralmente pelo empregador. Vige, assim, a regra de inalterabilidade do contrato de trabalho, prescrita no art. 468 da CLT:

> Art. 468. Nos contratos individuais de trabalho só é lícita a alteração das respectivas condições por mútuo consentimento, e ainda assim desde que não resultem, direta ou indiretamente, prejuízos ao empregado, sob pena de nulidade da cláusula infringente desta garantia.

> Parágrafo único. Não se considera alteração unilateral a determinação do empregador para que o respectivo empregado reverta ao cargo efetivo, anteriormente ocupado, deixando o exercício de função de confiança.

O empregador poderá fazer unilateralmente pequenas modificações no contrato de trabalho que não venham a alterar significativamente o *pacto laboral*, nem importem prejuízo ao operário. É o *jus variandi*, que decorre do poder de direção do empregador. Como exemplo, poderíamos oferecer: a alteração da função de empregado, seu horário de trabalho, o local da prestação de serviço. (VENEZIANO, 2009, p. 61-72)

Para ir mais longe:

Veja-se. Transferência de empregados: art. 469 da CLT. Despesas de transferência Súmula n. 29 do TST e art. 470 da CLT. Mudança da natureza do trabalho, art. 456 da CLT. Reversão ao cargo efetivo do empregado exercente de cargo de confiança, 468 da CLT. Ocupação interina de cargo diverso, 450 da CLT e Súmula 159 do TST.

4.1.7 Suspensão, interrupção, extinção ou cessação do contrato de trabalho.

Existem determinadas situações em que a relação jurídica pode ser afetada ou paralisada, vejamos:

a) Suspensão, quando ocorre a paralisação total do contrato. Há *suspensão*.ou paralisação total de um contrato que continua a existir, mas algumas de suas cláusulas deixam de surtir efeito temporariamente. Por exemplo, quando o empregado entra no gozo de férias, subsiste a obrigação do empregador de pagar os salários correspondentes, mais inexiste a obrigação do empregado de prestar serviços. Aqui, a cláusula contratual que determina a prestação de serviços pelo empregado fica paralisada durante o período de férias.

O principal efeito da suspensão é o de que, o empregador não paga salário e o empregado não presta serviços, mas seu posto de trabalho fica reservado por determinado período de tempo. Assim, por exemplo, imaginemos a hipótese de um empregado afastado por auxílio-doença (considerado como de suspensão, a partir do 16º dia), pelo período de um ano, tendo ocorrido, nesse ínterim, o reajuste salarial da categoria profissional. Nesse caso, quando referido empregado retornar ao trabalho, seu salário deverá ser atualizado de conformidade com o reajuste concedido. (VENEZIANO, 2009, p. 61-82-83)

A doutrina (VENEZIANO, 2009, p. 83) nos fornece vários casos de suspensão do contrato de trabalho. Vejamos:

1. A ausência por motivo de doença, a partir do 16º dia (auxílio-doença) - Lei n. 8.213/91.

2. Aposentadoria por invalidez.

3. Período de suspensão disciplinar (art. 474 da CLT).

4. Ausência para exercício de cargo público.

5. Suspensão do empregado estável, em virtude de ajuizamento de inquérito para apuração de falta grave, desde que a Justiça não determine a volta ao serviço por não ter ficado comprovada, pericialmente, a referida falta.

6. Período em que o empregado esteve afastado respondendo a inquérito na Justiça Comum ou Militar, ou na polícia, ou preso, aguardando julgamento na Justiça Criminal.

7. Faltas injustificadas.

8. Encargo sindical (se houver afastamento – art. 543 da CLT).

9. Greve (quando não houver pagamento dos dias parados).

b) Interrupção, diz-se da paralisação parcial do contrato. Quando há *interrupção* o contrato continua existir, porém não se realiza em sua totalidade. Assim, para Veneziano, "há uma simples interrupção na prestação de serviços pelo empregado, prevalecendo para o empregador a obrigatoriedade de pagar os salários, no todo ou em parte". (VENEZIANO, 2009, p. 84)

Todavia o citado autor considera a existir as seguintes hipóteses de interrupção:

1. ausência por motivo de doença até o 15º dia: tais ausências são computadas como tempo de serviço, devendo ser pagos os respectivos salários;

2. licença remunerada;

3. período em que não houver serviço na empresa por culpa ou responsabilidade dela: os salários correspondentes deverão ser pagos, e o período computado no tempo de serviço;

4. férias: o período é computado como de serviço efetivo, devendo ser pagos os salários correspondentes;

5. licença da gestante: durante esse período são assegurados à empregada o emprego, os salários correspondentes e o cômputo do respectivo período no tempo de serviço;

6. aborto: se o aborto não for criminoso, a empregada terá direito a duas semanas de descaso (art. 395 da CLT);

7. suspensão do empregado estável por motivo de ajuizamento de inquérito para apuração da falta grave, quando a ação for julgada improcedente: esse período é computado no tempo de serviço do empregado, sendo devidos os respectivos salários;

8. ausências legais: são computadas como tempo de serviço efetivo, sendo devidos, também, os salários respectivos (art. 473 da CLT);

9. quando o empregado for afastado do serviço por requisição de autoridade competente, em razão de motivo que interesse à segurança nacional, até 90 dias: durante esse período,que é computado no tempo de serviço, os salários são pagos pelo empregador;

10. repouso semanal e feriados: computa-se o tempo de serviço, devendo ser paga a remuneração correspondente;

11. testemunha, júri e comparecimento a juízo como parte: as ausências são consideradas como de serviço efetivo, devendo ser pagos os salários correspondentes.

12. *lock out*: é a paralisação das atividades, por iniciativa do empregador, com o objetivo de frustrar negociação ou dificultar o atendimento das reivindicações dos empregados. Caso ocorra, os trabalhadores terão direito à percepção dos salários durante o período da paralisação (art. 17 da Lei n. 7.783/89).

Para ir mais longe:

Vejam-se: art. 7º, XVIII da CF; arts. 4º, 129, 392, 472, caput e 5º, 473, 476, 495 e 822 da CLT; art. 430 do CPP; Lei n. 605/49 e Súmula n. 15 do TST.

c) Extinção, paralisação total (a *extinção* ou *cessação* total) do contrato de trabalho se dá quando deixa de existir o vínculo que une empregado e empregador. Diz-se da "cessação definitiva do vínculo empregatício". Conforme Veneziano (2009, p. 90), existe diversas forma de extinção, a saber:

1- Por decisão do empregador: a) dispensa do empregador com ou sem motivo; b) demissão; c) dispensa indireta.

2- Por decisão do empregado: a) aposentadoria; b) acordo.

3- Por iniciativa ou culpa de ambos: a) culpa recíproca; b) morte do empregado.

4- Por desaparecimento dos sujeitos: a) morte do empregador constituído em firma individual; b) extinção da empresa.

5- Por decurso de prazo fixado: contrato a prazo determinado.

4.2 Conflitos derivados da relação trabalhista.

Definimos "conflito" como toda situação antagônica que impede o desenvolvimento normal das relações de trabalho, e que gera contenda entre os sujeitos que integram a relação jurídica trabalhista.

O conflito trabalhista é um fenômeno que nasce da compreensão individualizada e da interpretação subjetiva de normas, que muitas vezes tem como origem a priorização de interesses pessoais ou grupais. Assim, os conflitos trabalhistas podem ser resultado da concorrência de interesses incompatíveis, ou seja, um confronto de interesses: convergência de interesses opostos que origina prejuízos para uma das partes na relação trabalhista.

Contudo, ensina Amauri Mascaro (NASCIMENTO, 2007, p. 94), nas relações de trabalho surgem conflitos individuais e coletivos. Os conflitos são aqueles entre o empregado e o empregador individualmente considerados, e estes entre o grupo de trabalhadores e o de empregadores ou uma empresa. Os conflitos, quando não solucionado diretamente entre as partes, por meio de acordos ou transações, de forma autônoma, são submetidos à apreciação de órgãos ou pessoas supra partes que o decidem, dando-se, nesse caso, a composição heterônoma. Portanto, composição heterônoma do conflito trabalhista é aquela que emana de um órgão ou pessoa acima das partes. Quando o conflito é coletivo, a decisão proferida tem natureza normativa sobre os integrantes dos grupos conflitantes, como forma de unificação das diretrizes estabelecidas por quem julga. A decisão do conflito coletivo é atribuída pela Constituição Federal à Justiça do Trabalho ou a árbitros (CF, art. 114).

Especificamente nas empresas encontramos situações que, oriundas de decisões arbitrárias, podem vir a afetar ou a incidir sobre os direitos dos trabalhadores, a saber:

a) despedida arbitrária ou sem justa causa;

b) fundo de garantia do tempo de serviço;

c) salário e remuneração do serviço extraordinário;

d) décimo terceiro salário;

e) duração do trabalho (jornada de trabalho);

f) gozo de férias anuais remuneradas;

g) licença à gestante e licença-paternidade;

h) redução dos riscos inerentes ao trabalho;

i) adicional de remuneração para as atividades penosas;

j) reconhecimento das convenções e acordos coletivos de trabalho;

k) seguro contra acidentes de trabalho;

l) direito de greve;

m) abusos, assédios etc.

Diz-se que os conflitos são inevitáveis, pois eles derivam das diferenças de percepções, de interpretação e opiniões que são próprias do ser humano. Mas, é precisamente por tais diferenças que existem normas, regras e princípios. Logo, a solução dos conflitos nas relações trabalhista se dá através das regras do Direito do Trabalho. Vejamos um exemplo: CLT, art. 10. *Qualquer alteração na estrutura jurídica da empresa não afetará os direitos adquiridos por seus empregados.*

4.2.1. Justa causa do empregado.

"A justa causa é decorrida da prática da falta grave pelo empregado, que pode ser definida como todo ato grave que faça desaparecer a confiança que deve existe entre empregado e empregador e que inviabilize a continuidade da relação de emprego. A estrutura da justa causa compreende alguns elementos, cuja presença é exigida, concomitantemente, para a sua caracterização, o que vale dizer que a ausência de um deles afasta motivo ensejador da justa causa. Os elementos de estrutura são os seguintes: a) culpa do empregado; b) gravidade do comportamento; c) imediatismo da rescisão, isto é, rescisão deve ser imediata, sob pena de caracterizar o perdão tácito do empregado; d) causalidade entre a falta e o efeito; e) singularidade da punição. A falta grave pode ocorrer dentro ou fora do estabelecimento". Assim, descrevem-se como figuras da justa causa as seguintes (VENEZIANO, 2009, p. 98-99):

a) Improbidade, ato lesivo contra o patrimônio da empresa ou de terceiro, relacionado como o trabalho. Ex.: furto, roubo, falsificação de cartões de ponto.

b) Incontinência de conduta consiste no comportamento irregular do empregado, incompatível com a moral sexual.

c) Mau procedimento é o comportamento irregular do empregado, incompatível com as normas exigidas pelo senso comum do homem médio. Exemplo: uso de drogas no local de serviço ou no horário de serviço adulteração de cartão de ponto.

d) Negociação habitual é o ato de concorrência desleal ao empregador ou o inadequado exercício paralelo do comércio a sua causa, exigindo a habitualidade.

e) Condenação criminal sem *sursis*, é a prisão do empregado desnecessário que o fato esteja relacionado com o trabalho a impossibilidade de comparecer ao trabalho enseja a dispensa (obs.: *sursis* é a suspensão da pena).

f) Desídia é o ato de negligencia, displicência habitual. Ex: falta de assiduidade e de pontualidade, preguiça, má vontade.

g) Embriaguez pode ser por álcool ou tóxico. Nesta hipótese, o ato garante a imediata dispensa, se em serviço, e depende da habitualidade, se fora do serviço.

h) Violação de segredo consiste na divulgação não autorizada de informações que possam causar dano ao empregador.

i) Indisciplina significa o descumprimento da norma geral, recusa, revista.

j) Insubordinação é o descumprimento da norma individual, sendo necessário averiguar se quem deu a ordem tinha poderes para tanto.

k) Abandono de emprego requer ausência continuada e ânimo de não mais trabalhar para o empregador. "Presume-se o abandono de emprego se o trabalhador não retornar ao serviço no prazo de 30 (trinta) dias após a cessação do beneficio previdenciário nem justificar o motivo de não o fazer" (Súmula n. 32 do TST).

l) agressão moral ou física, salvo em legítima defesa;

m) jogos de azar, aqueles não previstos na legislação. Ex.: jogo de bicho, rifas não autorizadas, apostas em corrida de cavalos fora do hipódromo ou em casas não autorizadas (requer habitualidade).

Veja-se artigo 482 da CLT.

n) Bancários. Veja-se art. 508 da CLT Considera-se justa causa, para efeito de rescisão de contrato de trabalho do empregado bancário, a falta contumaz de pagamento de dívidas legalmente exigíveis.

o) Ferroviários.

Art. 240 da CLT: Nos casos de urgência ou de acidente, capazes de afetar a segurança ou regularidade do serviço, poderá a duração do trabalho ser excepcionalmente elevada a qualquer número de horas, incumbindo à Estrada zelar pela incolumidade dos seus empregados e pela possibilidade de revezamento de turmas, assegurando ao pessoal um repouso correspondente e comunicando a ocorrência ao Ministério do Trabalho e da Administração, dentro de 10 (dez) dias da sua verificação.

p) Descumprimento de normas de segurança:

Art. 158 da CLT: Cabe aos empregados: (...)
Parágrafo único. Constitui ato faltoso do empregado a recusa injustificada:
a) à observância das instruções expedidas pelo empregador na forma do item II do artigo anterior;
b) ao uso dos equipamentos de proteção individual fornecidos pela empresa.

Igualmente existem hipóteses que caracterizam a justa causa do empregador. Diz-se das faltas graves do empregador previstas no art. 483 da CLT. Os elementos da estrutura da justa causa, indicados nos comentários ao art. 482 da CLT, aqui também se aplicam (gravidade, imediatismos etc.).

> Art. 483. O empregado poderá considerar rescindido o contrato e pleitear a devida indenização quando:
> a) forem exigidos serviços superiores às suas forças, defesos por lei, contrários aos bons costumes, ou alheios ao contrato;
> b) for tratado pelo empregador ou por seus superiores hierárquicos com rigor excessivo;
> c) correr perigo manifesto de mal considerável;
> d) não cumprir o empregador as obrigações do contrato;
> e) praticar o empregador ou seus prepostos, contra ele ou pessoas de sua família, ato lesivo da honra e boa fama;
> f) o empregador ou seus prepostos ofenderem-no fisicamente, salvo em caso de legítima defesa, própria ou de outrem;
> g) o empregador reduzir o seu trabalho, sendo este por peça ou tarefa, de forma a afetar sensivelmente a importância dos salários.
> § 1º. O empregado poderá suspender a prestação dos serviços ou rescindir o contrato, quando tiver de desempenhar obrigações legais, incompatíveis com a continuação do serviço.
> § 2º. No caso de morte do empregador constituído em empresa individual, é facultado ao empregado rescindir o contrato de trabalho.

> § 3º. Nas hipóteses das letras d e g, poderá o empregado pleitear a rescisão de seu contrato de trabalho e o pagamento das respectivas indenizações, permanecendo ou não no serviço até final decisão do processo.

A *extinção* (dissolução) do contrato pode decorrer da nulidade, que conforme o Direito Civil retroage ao instante mesmo de sua formação. A nulidade, conforme a doutrina civilista, tem como consequência a restituição de tudo o que receberam, voltando a condição dos sujeitos ao *status quo anterior*, como se nunca tivessem contratado. Mas, acontece que o contrato de trabalho é um contrato sucessivo, cujos efeitos, uma vez produzidos, não podem desaparecer retroativamente. Evidente que não pode o empregador devolver ao empregado a prestação de trabalho que este executou em razão de um contrato nulo. Desta forma, não é possível aplicar à relação trabalhista o princípio do efeito retroativo da nulidade, pois os salários que já foram pagos não devem ser restituídos devido a que eles correspondem à uma contraprestação de valores (trabalho) já executados. Caso o trabalho tenha sido executado o salário deve ser pago, ainda que o contrato seja nulo (caso contrário incorre-se em enriquecimento ilícito). Se a nulidade, entretanto, decorre da ilicitude do objeto do contrato, a menos que o empregado tenha agido de boa-fé, ignorando o fim a que se destinava a prestação de trabalho, já não poderá reclamar o pagamento do serviço prestado. (VENEZIANO, 2009, p. 61-62)

Para ir mais longe:

Veja-se: *Suspensão e interrupção do contrato de trabalho*, arts. 471 a 476 da CLT. A suspensão do empregado por mais de 30 (trinta) dias consecutivos importa na rescisão injusta do contrato de trabalho, art. 474 da CLT.

4.3 Justiça do trabalho.

Se na CLT se disciplina a relação de emprego, é na Justiça do Trabalho onde se julgam os conflitos trabalhistas.

Justiça do trabalho, explica Amauri Mascaro (NASCIMENTO, 2007, p. 94), é órgão do Poder Judiciário estruturado em três níveis: as Varas do Trabalho, que conhecem e decidem conflitos individuais mediante sentenças; os Tribunais Regionais do Trabalho, que apreciam recursos de dissídios individuais e, originariamente, dissídios coletivos depois de esgotada as tentativas de negociação coletiva entre as partes, diretamente ou com a mediação do Ministério do Trabalho e Emprego; e o Tribunal Superior do Trabalho, que também aprecia dissídios coletivos, originariamente ou em grau de recurso, as decisões dos Tribunais Regionais do Trabalho. A Constituição Federal (art. 114) atribuiu poder normativo à Justiça do Trabalho nos dissídios coletivos, dando às suas sentenças normativas força vinculante em toda a categoria dos sindicatos e empresas participantes do dissídio coletivo.

No sistema jurídico brasileiro a competência para decidir questões trabalhistas é fracionada entre a Justiça do Trabalho, para dissídios individuais e coletivos entre trabalhadores e empregadores, a Justiça Comum e a Justiça Federal. Compete à Justiça Comum apreciar e decidir as questões de acidentes de trabalho e doença profissional. A Justiça Federal é competente para decidir, entre outras questões, as que têm como parte a União, autarquias federais e fundações públicas federais; tem, por tal razão, competência para decidir as lides sobre previdência social. (NASCIMENTO, 2007, p. 96)

Para uma melhor compreensão do conceito "dissídio". Veja-se que o vocábulo é usado nas **relações trabalhistas (**dissídio coletivo) quando uma classe laboral entra em posição de discutir, reivindicar direitos. Todavia, usa-se a expressão "**data do dissídio coletivo**", que é uma data em que a classe impôs uma negociação. Assim, os d**issídios coletivos** são ações propostas na Justiça do Trabalho, para solucionar questões que não puderam ser resolvidas pela negociação direta entre as partes.

Os dissídios coletivos são processos da competência originárias dos Tribunais Regionais do Trabalho, para a solução dos conflitos coletivos entre os sindicatos. Há dissídios coletivos movidos pelo sindicato de trabalhadores contra os sindicatos de empregadores, mas também há dissídios coletivos entre os sindicatos de trabalhadores e, diretamente, uma ou mais empresas. As decisões proferidas pelos Tribunais Regionais do Trabalho nos dissídios coletivos têm o nome de sentenças normativas. (NASCIMENTO, 2007, p. 96)

Capítulo 5
Direitos Derivados da Relação de Emprego

Conteúdo: 5.1 Jornada de trabalho. 5.1.1 Classificação da jornada de trabalho. 5.1.2 Horas extras. 5.1.3 Repouso e férias. 5.1.3.1 Repouso semanal remunerado. 5.1.3.2 Repouso para alimentação. 5.1.3.3 Férias. 5.1.4 Trabalho Noturno. 5.1.5 Jornada do menor e do aprendiz. 5.2 Trabalho assalariado. 5.2.1 Remuneração e Salário. 5.2.1.1 Formas de pagamento do salário. 5.2.1.2 Meios de pagamento do salário. 5.2.1.3 Regras gerais de proteção ao salário. 5.2.1.4 Valor do salário. 5.2.1.5 Equiparação salarial. 5.2.1.6 Gratificações. 5.2.1.7 Décimo terceiro salário ou gratificação natalina. 5.2.1.8 Prêmios. 5.2.1.9 Quebra de caixa. 5.2.1.10 Participação nos lucros. 5.2.2 Gorjeta. 5.3 Fundo de garantia. 5.3.1 Natureza jurídica. 5.3.2 Fundamento legal. 5.3.3 Modalidades de contas do FGTS. 5.3.4 Depósito e saques. 5.3.4.1 Movimentação de conta vinculada. 5.3.2 Verbas rescisórias: aviso prévio.

Até aqui estudamos a constituição e a formalização da relação de emprego. Trataremos agora dos direitos derivados dessa relação e, especificamente, da sua tutela e concretização dos direitos trabalhistas.

5.1. Jornada de trabalho.

Define-se a jornada de trabalho como "a quantidade de labor diário do empregado" (MARTINS, 2009, p. 487). Diz-se do período durante o qual o empregado fica a disposição do empregador. Eis um conceito que delimita o espaço de tempo no qual o empregado está obrigado a prestar serviço efetivo, permanecendo no regime de subordinação e à disposição do empregador. Trata-se do período em que o empregado fica disponível, aguardando ou executando ordens do empregador (art. 4º, *caput*, da CLT).

O objetivo da limitação da jornada não é a de estabelecer privilégios ao empregador, porém evitar a fadiga do trabalhador, quando fica mais exposto aos acidentes. Contudo, a jornada laboral, nesses termos, é um direito do trabalhador. Daí a redução legal da jornada somente poderá ser feita pelas partes, de comum acordo, por convenção coletiva e pela lei.

Logo, a limitação da jornada de trabalho tem quatro fundamentos, a saber: a) biológicos, que dizem respeito aos efeitos psicofisiológicos causados ao empregado, decorrentes da fadiga; b) sociais, o empregado deve poder conviver e relacionar-se com outras pessoas, de dedicar-se à família, de dispor de horas de lazer; c) econômicos; d) humanos. (MARTINS, 2009, p. 489-490)

Assim, por meio da jornada de trabalho se tutela o direito à vida, no sentido de se evitar o excesso de horas de trabalho que poderá vir a afetar o descanso e a vida do trabalhador.

Vê-se que conforme a sua importância, já na Declaração Universal dos Direitos do Homem de 1948, no seu artigo XXIV – previu-se que *"todo homem tem direito a repouso e lazer, inclusive a limitação razoável das horas de trabalho e a férias remuneradas periódicas".* Eis um direito universal que encontra a sua fundamentação legal na CF e na CLT Capítulo II Artigos 57 e seguinte.

Conforme o artigo 4º da CLT considera-se como de serviço efetivo o período em que o empregado esteja à disposição do empregador, aguardando ou executando suas ordens, salvo disposição especial expressamente consignada. Prescreve-se igualmente que não se computará na jornada de trabalho o período de repouso e refeição. (art. 71, § 2º da CLT)

Todavia, o tempo de intervalo não se considera dentro do período de trabalho. Assim, por exemplo, o período de trabalho computado entre as 8:00 às 17:00 inclui 1:00 hora de intervalo, para um total de 9 horas no local de trabalho. Mas, na verdade o computo corresponderá a 8 horas de trabalho excluindo 1 hora de intervalo.

Conforme estabelecido na Constituição Federal, art. 7º, XIII e na CLT, art. 58, a duração da jornada de trabalho deverá ser de até 8 horas diárias, e 44 semanais. Já no caso de empregados que trabalham em turnos ininterruptos de revezamento, a jornada deverá ser de 6 horas, no caso de turnos que se sucedem, substituindo-se sempre no mesmo ponto de trabalho, salvo negociação coletiva. Vejamos.

> **Art.7º da Constituição Federal:** São direitos dos trabalhadores urbanos e rurais, além de outros que visem à melhoria de sua condição social:
> (...)
> XIII - duração do trabalho normal não superior a oito horas diárias e quarenta e quatro semanais, facultada a compensação de horários e a redução da jornada, mediante acordo ou convenção coletiva de trabalho;
> XIV - jornada de seis horas para o trabalho realizado em turnos ininterruptos de revezamento, salvo negociação coletiva;
> (...)
>
> **Art. 58 da CLT:** A duração normal do trabalho, para os empregados em qualquer atividade privada, não excederá de 8 (oito) horas diárias, desde que não seja fixado expressamente outro limite.
> § 1º Não serão descontadas nem computadas como jornada extraordinária as variações de horário no registro de ponto não excedentes de cinco minutos, observado o limite máximo de dez minutos diários.
> § 2º O tempo despendido pelo empregado até o local de trabalho e para o seu retorno, por qualquer meio de transporte, não será computado na jornada de trabalho, salvo quando, tratando-se de local de difícil acesso ou não servido por transporte público, o empregador fornecer a condução.
> § 3º Poderão ser fixados, para as microempresas e empresas de pequeno porte, por meio de acordo ou convenção coletiva, em caso de transporte fornecido pelo empregador, em local de difícil acesso ou não servido por transporte público, o tempo médio despendido pelo empregado, bem como a forma e a natureza da remuneração.

Contudo, analisando o texto legal, vê-se um sentido restrito atribuído à jornada de trabalho no artigo 58, § 2º da CLT, quando se prescreve que o tempo despendido pelo empregado entre o momento em que sai do seu domicílio até o local de trabalho somente será computado na jornada de trabalho, nos casos do empregado residir em local onde não é servido o serviço público de transporte. Tal período é considerado pela doutrina e jurisprudência como horas *in itinere.*

Veja-se: Horas *in itinere*. (Em situações excepcionais, poderá ser incluído na jornada de trabalho o tempo gasto pelo empregado para ir de sua casa ao trabalho e vice-versa). Veja-se igualmente, a prorrogação acordada. Arts. 59, 60, 66, 71, 413, 384, 396, 501 da CLT e artigo 7º, inc. XIII, da CF.

Em suma, como ensina Sergio Pinto Martins (2009, p. 487) a jornada de trabalho tem que ser analisada sob três prismas: do tempo efetivamente trabalhado, do tempo à disposição do empregado e do tempo *in itinere*.

Vejam-se artigos 224 a 320 da CLT: Regime especial de duração da jornada de trabalho dos bancários é de 6 (seis) horas continuas nos dias úteis, com exceção dos sábados, perfazendo um total de 30 (trinta) horas de trabalho por semana (artigo 224 da CLT). Regime de duração especial da jornada de trabalho de 6 (seis) horas de trabalho também se aplica aos empregados de portaria e de limpeza, tais como porteiros, telefonistas de mesa, contínuos e serventes, empregados em bancos e casas bancárias. (artigo 226 da CLT)

5.1.1. Classificação da jornada de trabalho.

A jornada de trabalho, comumente se classifica da seguinte forma.

1- Conforme à duração a jornada de trabalho pode ser considerada:

a) ordinária ou *normal*, aquela desenvolvida dentro do limite prescrito nas normas jurídicas;

b) extraordinária ou *suplementar*, quando ultrapassa os limites normais;

c) limitada, quando existe um prazo ou termo final para sua prestação;

d) ilimitada, aquela para a qual a lei não estabelece termo final;

e) contínua, aquela desenvolvida sem intervalos;

f) descontínua, aquela desenvolvida com intervalos;

g) intermitente, desde que existam sucessivas paralisações;

2- Conforme ao período a jornada de trabalho pode ser considerada:

a) diurna, considerada entre 5 e 22 horas;

b) noturna, considerada entre 22 horas de um dia e 5 do outro;

c) mista, aquela que transcorre tanto no período diurno como noturno;

d) em revezamento, diz-se da jornada semanal, quinzenal ou aquela que se desenvolve no período diurno ou noturno.

3- Conforme à condição pessoal do trabalhador assim será a jornada de trabalho, de acordo com a condição de mulher, homem, menor ou adulto;

4- Conforme à profissão a jornada de trabalho será *geral*, aquela estabelecida para todos empregados ou *especial* a preestabelecida para algumas categorias de trabalhadores, por exemplo, ferroviários, médicos, telefonistas etc.;

5- Conforme à remuneração a jornada de trabalho pode ser considerada com ou sem acréscimo salarial;

6- Conforme à rigidez do horário, diz-se das jornadas *inflexíveis* e *flexíveis*. A flexibilidade ou inflexibilidade estão implícitas na existência ou inexistência de horário fixo para iniciar ou concluir seu trabalho diário. A jornada flexível não é prevista pela legislação brasileira, ora, nada impede que ela seja estipulada.

5.1.2. Horas extras.

Consideram-se horas extras, aquele período de tempo que ultrapassa a jornada normal fixada por lei, conforme convenção coletiva, sentença normativa ou contrato individual de trabalho.

Conforme se explica Sergio Pinto Martins (2009, p. 500) "são usadas as expressões horas extras, horas extraordinárias ou horas suplementares, que têm o mesmo significado". Considera-se, assim, horas extras "as prestadas além do horário contratual, legal ou normativo, que devem ser remuneradas com o adicional respectivo. A hora extra pode ser realizada tanto antes do início do expediente, como após seu término normal ou durante os intervalos destinados a repouso e alimentação".

Vê-se a hora extra como o resultado de um acordo entre empregado e empregador, que legitimar a prorrogação da jornada normal. Este acordo se dá de forma escrita. Seu fundamento legal encontra-se no artigo 59 da CLT. Vejamos:

> Art. 59. A duração normal do trabalho poderá ser acrescida de horas suplementares, em número não excedente de 2 (duas), mediante acordo escrito entre empregador e empregado, ou mediante contrato coletivo de trabalho.
> § 1º Do acordo ou contrato coletivo de trabalho deverá constar, obrigatoriamente, a importância da remuneração da hora suplementar, que será, pelo menos, 50% (cinqüenta por cento) superior à da hora normal.
> § 2º Poderá ser dispensado o acréscimo de salário se, por força de acordo ou contrato coletivo, o excesso de horas em um dia for compensado pela correspondente diminuição em outro dia, de maneira que não exceda o horário normal da semana nem seja ultrapassado o limite máximo de 10 (dez) horas diárias.

Admitem-se horas extras quando por força maior[7]: o acontecimento imprevisível, inevitável por parte do empregador. Vejam-se os arts. 61 e 501 da CLT.

> Art. 61. Ocorrendo necessidade imperiosa, poderá a duração do trabalho exceder do limite legal ou convencionado, seja para fazer face a motivo de força maior, seja para atender à realização ou conclusão de serviços inadiáveis ou cuja inexecução possa acarretar prejuízo manifesto.
> § 1º O excesso, nos casos deste artigo, poderá ser exigido independentemente de acordo ou contrato coletivo e deverá ser comunicado, dentro de 10 (dez) dias, à autoridade competente em matéria de trabalho, ou, antes desse prazo, justificado no momento da fiscalização sem prejuízo dessa comunicação.
> § 2º Nos casos de excesso de horário por motivo de força maior, a remuneração da hora excedente não será inferior à da hora normal. Nos demais casos de excesso previstos neste artigo, a remuneração será, pelo menos, 25% (vinte e cinco por cento) superior à da hora normal, e o trabalho

---

[7] Art. 501. Entende-se como força maior todo acontecimento inevitável, em relação à vontade do empregador, e para realização do qual este não concorreu, direta ou indiretamente.
§ 1º A imprevidência do empregador exclui a razão de força maior.
§ 2º À ocorrência do motivo de força maior que não afetar substancialmente, nem for suscetível de afetar, em tais condições, a situação econômica e financeira da empresa, não se aplicam as restrições desta Lei referentes ao disposto neste capítulo.

> não poderá exceder de 12 (doze) horas, desde que a lei não fixe expressamente outro limite.
> § 3º Sempre que ocorrer interrupção do trabalho, resultante de causas acidentais, ou de força maior, que determinem a impossibilidade de sua realização, a duração do trabalho poderá ser prorrogada pelo tempo necessário até o máximo de 2 (duas) horas, durante o número de dias indispensáveis à recuperação do tempo perdido, desde que não exceda de 10 (dez) horas diárias, em período não superior a 45 (quarenta e cinco) dias por ano, sujeita essa recuperação à prévia autorização da autoridade competente.

É permitida a hora extra para conclusão de serviços inadiáveis: aqueles que devem ser concluídos na mesma jornada de trabalho, isto é, que não podem ser continuados na próxima jornada.

Conforme prescrito no art. 9º da CLT consideram-se nulos de pleno direito os atos praticados com o objetivo de desvirtuar, impedir ou fraudar a aplicação dos preceitos contidos na presente Consolidação. Nesse sentido as horas extras estabelecidas com violação da lei serão obviamente ilícitas e nulas.

5.1.3 Repouso e férias.

Repouso e férias são dois direitos básicos do trabalhador. Diz-se do descanso merecido pelo trabalhador após cumprir regime de trabalho prefixado em contrato. Ora, no caso do repouso semanal remunerado, sabem-se existir várias são as denominação em questão, a saber, "descanso semanal remunerado, repouso hebdomadário (semanal), descanso hebdomadário (semanal), folga semanal, repouso dominical, descanso dominical, descanso semanal, repouso semanal". (MARTINS, 2009, p. 544)

5.1.3.1 Repouso semanal remunerado.

É o período de tempo em que o empregado deixa de prestar serviços, uma vez por semana, ao empregador, de preferência aos domingos e feriados, mas percebendo remuneração. Esse período de tempo é de 24 horas consecutivas (art. 1º. da Lei n. 605/49). A natureza do instituto é de ordem pública e higiênica. É um intervalo inserido na rotina do trabalhador para que possa recuperar as energias gastas na semana inteira de trabalho que enfrentou e, inclusive, para conviver com a família e a sociedade. (VENEZIANO, 2009, p. 134)

Veja-se assiduidade e faltas justificadas. (Art. 473 da CLT)

Descanso ou repouso semanal remunerado é o benefício ao qual o trabalhador tem direito (folga) como resultado do trabalho desenvolvido com base num número de dias ou horas trabalhados semanalmente. Trata-se de uma medida social, com caráter higiênico e recreativo, que objetiva a recuperação física e mental do trabalhador.

Como prescrito no artigo 66 da CLT: "Entre 2 (duas) jornadas de trabalho haverá um período mínimo de 11 (onze) horas consecutivas para descanso". Assim se garante legalmente o intervalo ou descanso interjornadas. Todavia na CLT se dispõe intervalos especiais para algumas profissões, a saber, telefonia e telegrafia (17 horas para horários variáveis); operador cinematográfico (12 horas); cabineiro e ferroviário (art. 245, CLT, 14 horas); jornalistas (art. 308, CLT, 10 horas); aeronautas (DL 18/66 e 78/66, conforme a jornada diária).

O fundamento legal desse direito encontra-se no artigo 67 da CLT que prevê um descanso semanal de no mínimo vinte e quatro horas consecutivas, que deverá coincidir com o domingo no todo ou em parte, salvo motivo de conveniência pública ou necessidade imperiosa do serviço. Vejamos.

> Art. 67. Será assegurado a todo empregado um descanso semanal de 24 (vinte e quatro) horas consecutivas, o qual, salvo motivo de conveniência pública ou necessidade imperiosa do serviço, deverá coincidir com o domingo, no todo ou em parte.
> Parágrafo único. Nos serviços que exijam trabalho aos domingos, com exceção quanto aos elencos teatrais, será estabelecida escala de revezamento, mensalmente organizada e constando de quadro sujeito à fiscalização.

Também as férias são regulamentadas pelo artigo 70 da CLT: "Salvo o disposto nos arts. 68 e 69 é vedado o trabalho em dias feriados nacionais e feriados religiosos, nos termos da legislação própria".

O trabalho aos domingos deve ser considerado uma exceção para algumas atividades, por exemplo, o comércio varejista e algumas atividades de necessidade coletiva, a saber, os serviços públicos, de transporte, clínicas, hospitais, indústrias, expressões artísticas ou culturais etc. que estão autorizadas a funcionarem aos domingos, e feriados nacionais e religiosos.

5.1.3.2 Repouso para alimentação.

O repouso ou intervalo para descanso são períodos na jornada de trabalho, ou entre uma e outra, em que o empregado não presta serviços, seja para se alimentar ou para descansar. (MARTINS, Atlas, 2009, p. 532)

O repouso para alimentação é um direito de todo trabalhador conforme prescrito nos artigos 71 e 72 respectivamente da CLT. Vejamos:

> Art. 71. Em qualquer trabalho contínuo, cuja duração exceda de 6 (seis) horas, é obrigatória a concessão de um intervalo para repouso ou alimentação, o qual será, no mínimo, de 1 (uma) hora e, salvo acordo escrito ou contrato coletivo em contrário, não poderá exceder de 2 (duas) horas.
> § 1º Não excedendo de 6 (seis) horas o trabalho, será, entretanto, obrigatório um intervalo de 15 (quinze) minutos quando a duração ultrapassar 4 (quatro) horas.
> § 2º Os intervalos de descanso não serão computados na duração do trabalho.
> § 3º O limite mínimo de 1 (uma) hora para repouso ou refeição poderá ser reduzido por ato do Ministro do Trabalho quando, ouvida a Secretaria de Segurança e Higiene do Trabalho, se verificar que o estabelecimento atende integralmente às exigências concernentes à organização dos refeitórios e quando os respectivos empregados não estiverem sob regime de trabalho prorrogado a horas suplementares.
> § 4º Quando o intervalo para repouso e alimentação, previsto neste artigo, não for concedido pelo empregador, este ficará obrigado a remunerar o período correspondente com um acréscimo de no mínimo 50% (cinquenta por cento) sobre o valor da remuneração da hora normal de trabalho.

> Art. 72. Nos serviços permanentes de mecanografia (datilografia, escrituração ou cálculo), a cada período de 90 (noventa) minutos de trabalho

consecutivo corresponderá um repouso de 10 (dez) minutos não deduzidos da duração normal de trabalho.

Assim, ilustramos nas seguintes tabelas:

Artigo 71 da clt- intervalo para repouso ou ALIMENTAÇÃO	
Até 4 horas	sem intervalo
DE 4 à 6 HORAS	15 MINUTOS
SUPERIOR À 6 HORAS	1 h., no mínimo e 2 hs, no máximo

Artigo 72 da clt- intervalo serviços permanentes de mecanografia (datilografia, escrituração ou cálculo)	
90 minutos de trabalho	10 minutos de intervalo

Como prescrito no art. 71, § 1º, caso a jornada seja de no mínimo quatro e no máximo seis horas, será conferido um intervalo de no mínimo quinze minutos. Veja-se que tais intervalos não se computam na jornada de trabalho, mas em algumas atividades, o intervalo destinado a repouso justificado pelo caráter penoso da atividade, deverá ser computado na jornada de trabalho. Assim, por exemplo, na atividade de *mecanografia* (com intervalo de dez minutos a cada noventa trabalhados), na *telefonia*, *telegrafia submarina* e *subfluvial*, *radiotelegrafia* e *radioterapia*: em tais casos o descanso por vinte minutos se dará a cada três horas de trabalho; na *mineração de subsolo*, onde a cada três horas de trabalho, corresponderão quinze minutos de descanso, nas *câmaras frigoríficas*, onde a cada cem minutos de trabalho, corresponderá o direito a vinte minutos de descanso, na *digitação*, para a qual se determina um descanso de dez minutos para cada cinquenta minutos trabalhados.

Todavia, conforme o citado artigo 71, § 3º, da CLT, o intervalo mínimo de uma hora poderá ser reduzido, com a autorização do Ministério do Trabalho, observadas duas exigências: as condições do refeitório no estabelecimento; os empregados não podem realizar horas suplementares.

Caso o trabalhador trabalhe no intervalo, deverá ser remunerado como hora extra, acrescido em 50% do adicional.

5.1.3.3 Férias.

Definem-se férias como "o período do contrato de trabalho em que o empregado não presta serviços, mas aufere remuneração do empregador, após ter adquirido o direito no decurso dos 12 primeiros meses de vigência de seu contrato de trabalho. As férias servem para a restauração do organismo, após um período em que foram despendidas energias no trabalho. Daí se dizer que as férias também possuem caráter higiênico ou profilático". (VENEZIANO, 2009, p. 138)

Vejam-se os artigos 129, 130, 131, 133, 136, 137, 139, 142, 143, 145, 149 e 395 da CLT.

> **CLT**, art. 129 - Todo empregado terá direito anualmente ao gozo de um período de férias, sem prejuízo da remuneração.

CLT, art. 130 - Após cada período de 12 (doze) meses de vigência do contrato de trabalho, o empregado terá direito a férias, na seguinte proporção:
I - 30 (trinta) dias corridos, quando não houver faltado ao serviço mais de 5 (cinco) vezes;
II - 24 (vinte e quatro) dias corridos, quando houver tido de 6 (seis) a 14 (quatorze) faltas;
III - 18 (dezoito) dias corridos, quando houver tido de 15 (quinze) a 23 (vinte e três) faltas;
IV - 12 (doze) dias corridos, quando houver tido de 24 (vinte e quatro) a 32 (trinta e duas) faltas.
§ 1º - É vedado descontar, do período de férias, as faltas do empregado ao serviço.
§ 2º - O período das férias será computado, para todos os efeitos, como tempo de serviço.

CLT, art. 130-A. Na modalidade do regime de tempo parcial, após cada período de doze meses de vigência do contrato de trabalho, o empregado terá direito a férias, na seguinte proporção:
I - dezoito dias, para a duração do trabalho semanal superior a vinte e duas horas, até vinte e cinco horas;
II - dezesseis dias, para a duração do trabalho semanal superior a vinte horas, até vinte e duas horas;
III - quatorze dias, para a duração do trabalho semanal superior a quinze horas, até vinte horas;
IV - doze dias, para a duração do trabalho semanal superior a dez horas, até quinze horas;
V - dez dias, para a duração do trabalho semanal superior a cinco horas, até dez horas;
VI - oito dias, para a duração do trabalho semanal igual ou inferior a cinco horas.
Parágrafo único. O empregado contratado sob o regime de tempo parcial que tiver mais de sete faltas injustificadas ao longo do período aquisitivo terá o seu período de férias reduzido à metade.

As férias visam proporcionar descanso ao trabalhador, após certo período de trabalho, quando já se acumularam no organismo toxinas que não foram eliminadas adequadamente. Estudos da medicina do trabalho revelam que o trabalho contínuo sem férias é prejudicial ao organismo. Sabe-se que, após o quinto mês de trabalho sem férias, o empregado já não tem o mesmo rendimento, principalmente em serviço intelectual. Assim, nas férias, o interesse não é apenas do trabalhador, que quer gozá-las, mas também do Estado, que pretende que o obreiro as usufrua. Trata-se de verdadeiro direito do empregado, irrenunciável, tendo caráter eminentemente higiênico. (MARTINS, 2009, p. 555)

Férias vencidas: "*Férias vencidas* são aquelas para as quais o trabalhador já tenha cumprido o respectivo período de aquisição do direito à remuneração. Por ser direito adquirido, será sempre devido em qualquer tipo de rescisão, não podendo ser prejudicado nem mesmo pela justa causa". (VENEZIANO, 2009, p. 94)

Férias proporcionais: "quanto às férias proporcionais, o empregado terá direito quando for dispensado sem justa causa, no término de contrato a prazo determinado e quando pedir demissão. Assim, o empregado perderá o direito às férias proporcionais pela prática de falta grave". (VENEZIANO, 2009, p. 94)

Vejam-se os arts. 146 a 148 da CLT.

Férias coletivas: são chamadas de coletivas as férias "quando concedidas não apenas a um empregado, mas a todos os empregados da empresa ou de determinados estabelecimentos ou setores da empresa (art. 139 da CLT)" (MARTINS, 2009, p. 564). *Poderão ser concedidas férias coletivas a todos os empregados de uma empresa ou de determinados estabelecimentos ou setores da empresa.*

5.1.4 Trabalho Noturno.

É aquele trabalho desenvolvido entre as 22 horas de um dia e as 5 horas do dia seguinte (para o trabalhador urbano). Devido à penosidade do trabalho desenvolvido nesse horário, o legislador estabeleceu a hora noturna reduzida de 52 minutos e 30 segundos. O cálculo foi feito como se se trabalhasse efetivamente sete horas, percebendo remuneração equivalente à jornada de oito horas. (VENEZIANO, 2009, p. 131)

Conforme se prescreve na Constituição Federal, art.7º a remuneração do trabalho noturno é, entre outros, um direito dos trabalhadores urbanos e rurais. Vejamos:

> Art. 7º da CF:
> São direitos dos trabalhadores urbanos e rurais, além de outros que visem à melhoria de sua condição social:
> (...)
> IX - remuneração do trabalho noturno superior à do diurno;
> (...)

Contudo, se conforme o citado artigo 7º, inciso IX da Constituição Federal, se determina que a remuneração do trabalho noturno deva ser superior à do diurno, também, importa saber como o legislador brasileiro considerou ser a jornada noturna. Nesse sentido, por meio do art. 73 da CLT se determinou que a jornada noturna tivesse seu início às 22 horas de um dia e às 5 horas do dia seguinte, sendo cada hora noturna computada como de 52 minutos e trinta segundos. Todavia a remuneração do horário noturno será 20% superior a do diurno.

> Art. 73. Salvo nos casos de revezamento semanal ou quinzenal, o trabalho noturno terá remuneração superior à do diurno e, para esse efeito, sua remuneração terá um acréscimo de 20% (vinte por cento), pelo menos, sobre a hora diurna.
> § 1º A hora do trabalho noturno será computada como de 52 (cinqüenta e dois) minutos e 30 (trinta) segundos.
> § 2º Considera-se noturno, para os efeitos deste artigo, o trabalho executado entre as 22 (vinte e duas) horas de um dia e as 5 (cinco) horas do dia seguinte.
> § 3º O acréscimo a que se refere o presente artigo, em se tratando de empresas que não mantêm, pela natureza de suas atividades, trabalho noturno habitual, será feito tendo em vista os quantitativos pagos por trabalhos diurnos de natureza semelhante. Em relação às empresas cujo trabalho noturno decorra da natureza de suas atividades, o aumento será calculado sobre o salário mínimo geral vigente na região, não sendo devido quando exceder desse limite, já acrescido da percentagem.
> § 4º Nos horários mistos, assim entendidos os que abrangem períodos diurnos e noturnos, aplica-se às horas de trabalho noturno o disposto neste artigo e seus parágrafos.
> § 5º Às prorrogações do trabalho noturno aplica-se o disposto neste Capítulo.

Veja-se Adicional noturno, art. 73 da CLT. e empregados excluídos da proteção da jornada, art. 62 da CLT.

5.1.5 Jornada do menor e do aprendiz.

Como visto em tema anterior, considera-se menor, aos efeitos da relação de trabalho, o jovem entre 14 e 18 anos. Dentro dessa faixa etária a legislação vigorante proibiu por meio da Lei nº 10.097, de 2000, o trabalho ao menor de 16 anos, salvo na condição de aprendizes.

Assim, o jovem cuja idade se enquadre entre 14 e 24, será considerado aprendiz desde que esteja inscrito em programa de aprendizagem[8], formação técnico-profissional metódica, e que o empregador garanta ser compatível com o desenvolvimento físico, moral e psicológico do menor.

Pois bem, com base nessa regulamentação se asseguram ao menor aprendiz um horário de trabalho adequado ao projeto de formação técnico-profissional.

De acordo com o art. 427 da CLT, o empregador, cuja empresa ou estabelecimento ocupar menores, será obrigado a conceder-lhes o tempo que for necessário para a frequência às aulas. No parágrafo único desse mesmo artigo de prescreve que os estabelecimentos situados em lugar onde a escola estiver a maior distância que 2 (dois) quilômetros, e que ocuparem, permanentemente, mais de 30 (trinta) menores analfabetos, de 14 (quatorze) a 18 (dezoito) anos, serão obrigados a manter local apropriado em que lhes seja ministrada a instrução primária.

Para o empregado aprendiz a jornada de trabalho não poderá exceder a 6 horas semanais, mas poderá ser de até 8 horas, no caso do mesmo já ter completado o ensino fundamental. O jovem considerado aprendiz (com 18 anos), e contratado pelo Programa Primeiro Emprego, aplica-se também a jornada especificada anteriormente. Aos jovens entre 18 anos e 24 anos, aplica-se a jornada prevista para os trabalhadores em geral.

Conforme prescrito no artigo 404 da CLT, ao menor de 18 (dezoito) anos é vedado o trabalho noturno, considerado este o que for executado no período compreendido entre as 22 (vinte e duas) e as 5 (cinco) horas.

5.2 Trabalho assalariado.

Define-se o *trabalho assalariado* como a relação de trabalho que se caracteriza pela troca de valores representada, de um lado, pela *força de trabalho* e, de outro, pelo *salário*.

O trabalho assalariado, formando parte da relação trabalhista, assim, como estudado anteriormente, difere dos outros diversos tipos de relações de trabalho por ser característico dela a subordinação.

---

[8] Classifica-se a aprendizagem da seguinte forma: *a) típica*, aquela prevista no Decreto nº 4.481/42 (aprendizado no SENAI) e Decreto nº 8.622/46 (aprendizado no SESC); *b) atípica*, aquelas previstas na Lei 10.748/2003 (Lei do Primeiro Emprego) e Medida Provisória nº 251/2005 (Projeto Escola de Fábrica).

O regime de trabalho assalariado é típico da sociedade capitalista, onde vigoram princípios que orientam a comercialização da mão de obra, por meio da realização de serviços remunerados: a liberdade contratual e a autonomia da vontade seriam os princípios basilares da economia burguesa, por meio dos quais o homem pode contratar e livremente se obrigar.

O ideal de uma mão de obra livre fez desenvolver o trabalho e o capital, numa sociedade industrial que precisava da chamada classe operária, deixaria para traz o regime da escravatura e feudal.

5.2.1 Remuneração e Salário.

a) Remuneração.

A doutrina procura distinguir *salário* de *remuneração*. O primeiro conceito diz-se respeito ao *pagamento em dinheiro*, o segundo, abrange outras utilidades, a saber, moradia, vestuário, alimento, transporte e outras prestações *in natura*.

Veja-se, assim, que o *salário* representa o valor pago como contraprestação estabelecida no contrato, enquanto *remuneração* engloba este, mais outras vantagens a título de gratificação ou adicionais.

Vê-se que a remuneração se caracteriza como uma obrigação de dar e não de fazer em retribuição pelos serviços prestados pelo empregado ao empregador ou a terceiros. Contudo, "o salário integra a remuneração e não o contrario. Logo, remuneração = salário + gorjetas". (MARTINS, 2009, p. 213)

Assim, por exemplo, *indenização* (diária, ajuda de custo), *gorjeta*, *benefícios previdenciários* (auxílio doença, aposentadoria), *vestuário*, *equipamentos*, *acessórios* fornecidos ao empregado para a execução do trabalho, não integram o salário.

Conforme explica Martins, "remuneração é o conjunto de prestações recebidas pelo empregado pela prestação de serviços, seja em dinheiro ou em utilidades, provenientes do empregador ou de terceiros, mas decorrentes do contrato de trabalho, de modo a satisfazer suas necessidades básicas e de sua família". (MARTINS, 2009, p. 212)

Compreendem-se na *remuneração* do empregado, para todos os efeitos legais, além do salário devido e pago diretamente pelo empregador, como contraprestação do serviço, as gorjetas que receber. (Veja-se art. 457, *caput*, da CLT)

> **CLT**, art. 457 - Compreendem-se na remuneração do empregado, para todos os efeitos legais, além do salário devido e pago diretamente pelo empregador, como contraprestação do serviço, as gorjetas que receber.

Vejamos, a seguir, as modalidades de remuneração: salário e gorjetas.

b) Salário.

A etimologia do vocábulo "salário" se origina do latim *salarium argentum*, significando "pagamento em sal". Diz-se de uma forma primitiva de pagamento surgida no Império Romano e geralmente oferecida aos soldados romanos.

O salário é um *direito* do empregado (obreiro – operário) como contraprestação dos serviços a favor do empregador. O salário é representado em dinheiro, é o resultado de um interesse: satisfazer as necessidades individuais e familiares do trabalhador.

Salário é o conjunto de parcelas contraprestativas, pagas pelo empregador ao empregado, sem decorrência da relação de emprego. Daí, o vocábulo "salário" comumente indica a contraprestação fixa principal paga mensalmente pelo empregador ao empregado (o chamado salário básico), ela abrange também outras parcelas de caráter contraprestativo (que têm, pois, a mesma natureza salarial), como as gratificações, os adicionais, as comissões etc. Salário não é parcela contraprestativa do trabalho, mas do contrato, pois o salário pode continuar a ser pago em situações de inocorrência de efetiva prestação laboral; exemplos: como se passa nas épocas de férias, de licenças médicas até 15 dias, feriados e dia semanal de repouso, em suma, nas inúmeras situações conhecidas como de interrupção da prestação de serviços (ou interrupção contratual). (VENEZIANO, 2009, p. 155)

Tecnicamente o salário tem como razão ou motivo a comercialização (venda ou aluguel) da força de trabalho: serviços. Diz-se de um valor fixado em contrato e determinado pela função (ou cargo), pela produtividade e pela eficiência.

O pagamento de salários no Brasil encontra seu fundamento da Constituição Federal, na CLT e legislações especiais. Vejamos:

> **Constituição Federal**, art.7º - São direitos dos trabalhadores urbanos e rurais, além de outros que visem à melhoria de sua condição social:
> (...)
> V - piso salarial proporcional à extensão e à complexidade do trabalho;
> VI - irredutibilidade do salário, salvo o disposto em convenção ou acordo coletivo;
> VII - garantia de salário, nunca inferior ao mínimo, para os que percebem remuneração variável;
> VIII - décimo terceiro salário com base na remuneração integral ou no valor da aposentadoria;
> IX - remuneração do trabalho noturno superior à do diurno;
> X - proteção do salário na forma da lei, constituindo crime sua retenção dolosa;
> (...)
>
> **CLT**, artigo 457:
> § 1º - Integram o salário não só a importância fixa estipulada, como também as comissões, percentagens, gratificações ajustadas, diárias para viagens e abonos pagos pelo empregador.
> § 2º - Não se incluem nos salários as ajudas de custo, assim como as diárias para viagem que não excedam de 50% (cinquenta por cento) do salário percebido pelo empregado.

Tais são formas especiais de salário são reguladas no art. 457, § 1º da CLT: *importância fixa estipulada, como também as comissões, percentagens, gratificações ajustadas, diárias para viagens e abonos pagos pelo empregador*. Veja-se, visando evitar fraudes (negociações que descaracterizam a natureza do salário e evadem o fisco), não se incluem nos salários as ajudas de custo, assim como as diárias para viagem que não excedam de 50% (cinquenta por cento) do salário percebido pelo empregado. (Art. 457, § 2º)

Conforme previsto no art. 458 da CLT[9], além do pagamento em dinheiro, compreende-se no salário, para todos os efeitos legais, a alimentação, habitação, vestuário ou outras prestações *in natura* que a empresa, por força do contrato ou do costume, fornecer habitualmente ao empregado. Em caso algum será permitido o pagamento com bebidas alcoólicas ou drogas nocivas.

Os valores atribuídos às prestações *in natura* deverão ser justos e razoáveis, não podendo exceder, em cada caso, os dos percentuais das parcelas componentes do salário mínimo (arts. 81 e 82). (Art. 458 da CLT, § 1º)

Não serão considerados como salário, para os efeitos previstos neste artigo, os vestuários, equipamentos e outros acessórios fornecidos ao empregado e utilizados no local de trabalho, para a prestação dos respectivos serviços. (Art. 458 da CLT, § 2º)

A habitação e a alimentação fornecidas como salário-utilidade deverão atender aos fins a que se destinam e não poderão exceder, respectivamente, a 25% (vinte e cinco por cento) e 20% (vinte por cento) do salário-contratual. (Art. 458 da CLT, § 3º)

Tratando-se de habitação coletiva, o valor do salário-utilidade a ela correspondente será obtido mediante a divisão do justo valor da habilitação pelo número de co-ocupantes, vedada, em qualquer hipótese, a utilização da mesma unidade residencial por mais de uma família. (Art. 458 da CLT, § 4º)

O pagamento do salário, qualquer que seja a modalidade do trabalho, não deve ser estipulado por período superior a 1 (um) mês, salvo no que concerne a comissões, percentagens e gratificações. (Art. 459)

---

[9] CLT, art. 458 - Além do pagamento em dinheiro, compreende-se no salário, para todos os efeitos legais, a alimentação, habitação, vestuário ou outras prestações "in natura" que a empresa, por força do contrato ou do costume, fornecer habitualmente ao empregado. Em caso algum será permitido o pagamento com bebidas alcoólicas ou drogas nocivas.

§ 1º Os valores atribuídos às prestações "in natura" deverão ser justos e razoáveis, não podendo exceder, em cada caso, os dos percentuais das parcelas componentes do salário-mínimo (arts. 81 e 82).

§ 2º Para os efeitos previstos neste artigo, não serão consideradas como salário as seguintes utilidades concedidas pelo empregador:

I – vestuários, equipamentos e outros acessórios fornecidos aos empregados e utilizados no local de trabalho, para a prestação do serviço;

II – educação, em estabelecimento de ensino próprio ou de terceiros, compreendendo os valores relativos a matrícula, mensalidade, anuidade, livros e material didático;

III – transporte destinado ao deslocamento para o trabalho e retorno, em percurso servido ou não por transporte público;

IV – assistência médica, hospitalar e odontológica, prestada diretamente ou mediante seguro-saúde;

V – seguros de vida e de acidentes pessoais;

VI – previdência privada;

§ 3º - A habitação e a alimentação fornecidas como salário-utilidade deverão atender aos fins a que se destinam e não poderão exceder, respectivamente, a 25% (vinte e cinco por cento) e 20% (vinte por cento) do salário-contratual.

§ 4º - Tratando-se de habitação coletiva, o valor do salário-utilidade a ela correspondente será obtido mediante a divisão do justo valor da habitação pelo número de co-habitantes, vedada, em qualquer hipótese, a utilização da mesma unidade residencial por mais de uma família.

Quando o pagamento houver sido estipulado por mês, deverá ser efetuado, o mais tardar, até o quinto dia útil do mês subsequente ao vencido. (Art. 459 § 1º)

Na falta de estipulação do salário ou não havendo prova sobre a importância ajustada, o empregado terá direito a perceber salário igual ao daquele que, na mesma empresa, fizer serviço equivalente, ou do que for habitualmente pago para serviço semelhante. (Art. 460)

Vejam-se outras formas de proteção dos direitos derivados da relação de emprego, especificamente quanto ao salário: (CLT, arts. 461 a 467)

5.2.1.1 Formas de pagamento do salário.

Existem diversas formas de pagamento do salário, vejamos:

a) Salário por tempo, aquele que se computa com base no tempo de trabalho (serviço prestado) ou do tempo em que o empregado permaneceu à disposição do empregador.

"O salário por unidade de tempo independe do serviço ou da obra realizada, mas depende do tempo gasto para sua consecução. Assim, seria a fixação do salário por hora, por dia, por semana, por quinzena ou por mês". (MARTINS, 2009, p. 217)

b) Salário por produção, aquele deduzido com base no resultado da produção, isto é, no número de peças ou valores produzidos por empregado.

Chama-se também salário por unidade de obra onde não se leva em consideração o tempo gasto na consecução do serviço, mas sim o próprio serviço realizado. A unidade de obra é que será levada em conta para o cálculo do salário e não o tempo. A remuneração por unidade de obra tem como fundamento o art. 483, alínea g, por meio do qual é possível o pagamento por peça. (MARTINS, 2009, p. 218)

c) Salário por tarefa, aquele pago com base nas tarefas desenvolvidas pelo empregado, definidas pela economia de tempo. Diz-se de uma forma mista de salário que fica entre o salário por unidade de tempo e de obra. Veja-se art. 142, § 2º da CLT.

5.2.1.2 Meios de pagamento do salário.

Conforme legislação vigente no Brasil é obrigatório o pagamento do salário em dinheiro de acordo com o prescrito no artigo 463 da CLT: "*A prestação, em espécie, do salário será paga em moeda corrente do País*. Considera-se, assim, como não feito o pagamento do salário realizado com inobservância deste artigo.

Exemplo de pagamento não feito é aquele efetuado com cupões e vales de transporte. Todavia, considera-se proibido o pagamento em moeda estrangeira conforme Decreto-lei 857/69, por contratos de trabalho executados no Brasil.

Vejamos, a seguir, algumas regras legais de proteção ao salário.

5.2.1.3 Regras gerais de proteção ao salário.

1. Periodicidade. Conforme o artigo 459 da CLT, o salário deve ser pago em períodos máximos de um mês, excetuando-se as comissões, percentagens e gratificações. A data limite para pagamento do salário é o 5º dia útil subsequente ao do vencimento. Todavia, na contagem dos dias será incluído o sábado excluindo-se o domingo e feriado, inclusive municipal.

> CLT, art. 459 - O pagamento do salário, qualquer que seja a modalidade do trabalho, não deve ser estipulado por período superior a 1 (um) mês, salvo no que concerne a comissões, percentagens e gratificações.
>
> CLT, art. 465. O pagamento dos salários será efetuado em dia útil e no local do trabalho, dentro do horário do serviço ou imediatamente após o encerramento deste, salvo quando efetuado por depósito em conta bancária, observado o disposto no artigo anterior.

A mora salarial é a denominação atribuída ao atraso no pagamento do salário. A mora salarial gera as seguintes conseqüências:

a) A rescisão do contrato de trabalho, pleiteada pelo trabalhador, pelo descumprimento das obrigações pelo empregador. A rescisão indireta é, portanto, a "justa causa" do empregado para com o empregador, conforme prescrito no artigo 483, d da CLT. Vejamos:

> Art. 483 - O empregado poderá considerar rescindido o contrato e pleitear a devida indenização quando:
> (...)
> d) não cumprir o empregador as obrigações do contrato;
> (...)

b) O pagamento de multa, conforme previsto na Constituição Federal (art. 7º, X), para o empregador que reter dolosamente o salário.

> Constituição Federal, art.7º - São direitos dos trabalhadores urbanos e rurais, além de outros que visem à melhoria de sua condição social:
> (...)
> X - proteção do salário na forma da lei, constituindo crime sua retenção dolosa;
> (...)

2. Prova do pagamento, a prova do pagamento do salário se dará por meio de recibo de pagamento, ou recibo de depósito, em conta individual do empregado, aberta para esse fim e com o seu consentimento, em estabelecimento de crédito próximo ao local de trabalho.

> CLT, art. 464 - O pagamento do salário deverá ser efetuado contra recibo, assinado pelo empregado; em se tratando de analfabeto, mediante sua impressão digital, ou, não sendo esta possível, a seu rogo.
>
> Parágrafo único. Terá força de recibo o comprovante de depósito em conta bancária, aberta para esse fim em nome de cada empregado, com o consentimento deste, em estabelecimento de crédito próximo ao local de trabalho.

3. Inalterabilidade, conforme art. 468 da CLT por meio do qual se impede a modificação da forma de pagamento dos salários, sem o consentimento do empregado. Caso haja consentimento do empregado, e a nova forma lhe seja prejudicial, será esta considerada nula. Cabe salientar que pequenas modificações podem ser feitas pelo empregador, em caso de necessidade ou melhorias no sistema de pagamento. Eis o que se denomina de *Jus Variandi*.

> CLT, art. 468 - Nos contratos individuais de trabalho só é lícita a alteração das respectivas condições por mútuo consentimento, e ainda assim desde que não resultem, direta ou indiretamente, prejuízos ao empregado, sob pena de nulidade da cláusula infringente desta garantia.
>
> Parágrafo único - Não se considera alteração unilateral a determinação do empregador para que o respectivo empregado reverta ao cargo efetivo, anteriormente ocupado, deixando o exercício de função de confiança.

4. Irredutibilidade, na Constituição Federal dispõe-se, no artigo 7º, VI, que o salário é irredutível, isto é, não poderá haver uma diminuição do valor da remuneração paga ao empregado.

> Constituição Federal, art.7º - São direitos dos trabalhadores urbanos e rurais, além de outros que visem à melhoria de sua condição social:
> (...)
> VI - irredutibilidade do salário, salvo o disposto em convenção ou acordo coletivo;
> (...)

A prática indica que pode existir diminuição do valor da remuneração no caso de acordo coletivo de trabalho, onde ocorra a redução da jornada de trabalho e do correspondente salário. Normalmente essa redução é temporária, e vem acompanhada de uma contrapartida em favor dos trabalhadores.

5. Controle dos descontos, conforme prescrito na CLT, existem regras limitativas nos descontos do salário. Vejamos o estabelecido no art. 462.

> CLT, art. 462 - Ao empregador é vedado efetuar qualquer desconto nos salários do empregado, salvo quando este resultar de adiantamentos, de dispositivos de lei ou de contrato coletivo.

Destarte, somente é permitido o desconto em folha de pagamento:

a) as contribuições previdenciárias;
b) as contribuições sindicais;
c) o imposto de renda;
d) o desconto para prestação alimentícia;
e) o desconto para pagamento de pena criminal pecuniária;
f) o pagamento de custas judiciais;
g) o pagamento de prestações do Sistema Financeiro de Habitação
h) a retenção de saldo salarial por falta de aviso prévio do empregado;
i) o desconto de antecipações salariais (ou vales).

Poderá, igualmente, o empregado autorizar o desconto de mensalidades de planos odontológicos, médico-hospitalar, previdência privada, associação cultural, recreativa etc. Todavia, as convenções coletivas também podem prever os descontos salariais.

O valor equivalente aos danos causados pelo empregado, dolosamente, poderão ser descontados do salário. Já, no caso de culpa, ocorrerá desconto somente com o consentimento do empregado.

6. Impenhorabilidade, não é permitida a penhora do salário. Entenda-se por penhora a retenção do salário por medida judicial para pagamento de dívidas. Tal proibição objetiva garantir a subsistência familiar.

Em caso de pagamento de pensão alimentícia, o juiz da vara de família, por meio de mandado específico, ordenará a empresa o desconto do valor respectivo e o depósito em conta pré-determinada.

5.2.1.4 Valor do salário.

O salário é o monto econômico estabelecido como pagamento do empregado e resultante da autonomia da vontade amparada no art. 444 da CLT: "*As relações contratuais de trabalho podem ser objeto de livre estipulação das partes interessadas em tudo quanto não contravenha às disposições de proteção ao trabalho, aos contratos coletivos que lhes sejam aplicáveis e às decisões das autoridades competentes*".

O valor do salário, assim, fica fora da livre estipulação, pois se sabe existir um valor mínimo legal a ser observado.

a) Salário mínimo.

Salário mínimo é uma remuneração mínima estipulada pelo governo para determinado número de horas trabalhadas. O salário mínimo difere de país para país.

Podemos encontrar com fundamento constitucional do salário mínimo o artigo 7º da CF. Vejamos:

> **Constituição Federal**, art.7º - São direitos dos trabalhadores urbanos e rurais, além de outros que visem à melhoria de sua condição social:
> (...)
> IV - salário mínimo, fixado em lei, nacionalmente unificado, capaz de atender a suas necessidades vitais básicas e às de sua família com moradia, alimentação, educação, saúde, lazer, vestuário, higiene, transporte e previdência social, com reajustes periódicos que lhe preservem o poder aquisitivo, sendo vedada sua vinculação para qualquer fim;
> (...)

Veja-se salário mínimo no art. 76 da CLT.

> CLT, art. 76 - Salário mínimo é a contraprestação mínima devida e paga diretamente pelo empregador a todo trabalhador, inclusive ao trabalhador rural, sem distinção de sexo, por dia normal de serviço, e capaz de satisfazer, em determinada época e região do País, as suas necessidades normais de alimentação, habitação, vestuário, higiene e transporte.

b) Salário profissional.

Diz-se daquele salário pago para as chamadas categorias diferenciadas, como engenheiros, secretárias, químicos, médicos, etc.

O salário profissional é diferente do salário mínimo, o primeiro alcança apenas a profissão ao qual foi instituído, já o segundo é geral.

Como exemplos de categorias profissionais colocam-se: os trabalhadores na área de saúde, construção civil, transporte, metalúrgicos, têxteis, etc. Como exemplos de profissões dentro de uma categoria destacam-se os motoristas e auxiliares no setor de transportes, pedreiros, mestres e serventes dentro da construção civil, entre outros.

c) Salário família.

Define-se o salário família como o benefício pago aos trabalhadores com salário mensal abaixo de valor determinado pelo Ministério da Previdência Social. Diz-se de um auxilio que objetiva o sustento dos filhos menores de 14 anos ou inválidos.

O salário-família é uma prestação previdenciária devida ao empregado. Não é salário, pois não é pago pelo empregador, mas pelo INSS. O inciso XII do art. 7º da Constituição Federal prescreve o salário-família aos dependentes do empregado urbano e do rural de baixa renda. Atualmente, os arts. 65 a 70 da Lei n. 8.213/91 tratam do referido benefício. O empregado doméstico não tem direito ao salário-família. (MARTINS, 2009, p. 266)

O direito ao pagamento do salário-família existe desde que seja comprovada, por parte do empregado, perante a empresa, da causa do benefício, e será pago proporcionalmente aos dias trabalhados nos meses de admissão e demissão do empregado.

d) Salário maternidade.

O salário maternidade é outro direito outorgado à trabalhadora que contribui para a Previdência Social. Assim, a trabalhadora tem direito ao salário-maternidade nos 120 dias em que fica afastada do emprego por causa do parto. Eis um benefício também outorgado às mães adotivas.

Contudo, o salário maternidade consiste "numa renda mensal igual à remuneração integral da segurada. É pago pelo empregador que desconta o valor adiantado a trabalhadora em relação à contribuição previdenciária devida. Não se trata exatamente de salário, mas de benefício previdenciário, pois não é pago pelo empregador, mas pelo INSS". (MARTINS, 2009, p. 267)

O benefício consiste na seguinte proporção:

a) Caso a criança tiver até 1 ano de idade, o salário-maternidade será de 120 dias;

b) Caso a criança tiver de 1 ano a 4 anos de idade, o salário-maternidade será de 60 dias;

c) Caso a criança tiver de 4 anos a 8 anos de idade, o salário-maternidade será de 30 dias.

Na prática, não se exige tempo mínimo de contribuição das trabalhadoras empregadas, empregadas domésticas e trabalhadoras avulsas, para a concessão do salário-maternidade, desde que comprovem filiação a essa condição na data do afastamento para fins de salário-maternidade ou na data do parto. O salário-maternidade é devido a partir do oitavo mês de gestação (comprovado por atestado médico) ou da data do parto (comprovado pela certidão de nascimento).

Vejam-se artigos 7º, XVIII da CF (prescreve-se que a gestante tem 120 dias de repouso sem prejuízo do emprego e do salário) e 71 da Lei n. 8.213/91 (especifica-se que a segurada tem direito à licença de 28 dias antes e 92 dias depois do parto, totalizando os 120 dias (aproximadamente, 17 semanas).

5.2.1.5 Equiparação salarial.

A equiparação salarial representa uma garantia ao trabalhador acerca da igualdade de salários. Assim, o salário do trabalhador que exerce funções para o mesmo empregador, na mesma localidade, com diferença não superior a dois anos, se iguala ao salário de outro trabalhador que exerce funções nas mesmas condições desde que com a mesma produtividade e com a mesma perfeição técnica, conforme prescrito no art. 7º, XXX, da CF e no art. 461 da CLT. Vejamos;

> **Constituição Federal, art.7º** - São direitos dos trabalhadores urbanos e rurais, além de outros que visem à melhoria de sua condição social:
> (...)
> XXX - proibição de diferença de salários, de exercício de funções e de critério de admissão por motivo de sexo, idade, cor ou estado civil;
> (...)
>
> **CLT, art. 461** - Sendo idêntica a função, a todo trabalho de igual valor, prestado ao mesmo empregador, na mesma localidade, corresponderá igual salário, sem distinção de sexo, nacionalidade ou idade.
>
> § 1º - Trabalho de igual valor, para os fins deste Capítulo, será o que for feito com igual produtividade e com a mesma perfeição técnica, entre pessoas cuja diferença de tempo de serviço não for superior a 2 (dois) anos.

5.2.1.6 Gratificações.

Considera-se a gratificação ser o pagamento feito pelo empregador ao empregado, como forma de prêmio ou incentivo. Não se trata de uma remuneração habitual. Caso seja a gratificação habitual ou permanente essa forma de pagamento será considerada parte do salário.

Destarte, a periodicidade da gratificação pode ser definida conforme programa de incentivo da empresa ou unidade produtiva onde o empregado trabalha. Assim sendo, a gratificação pode ser mensal, bimensal, trimestral, semestral ou anual.

Alguns exemplos podem ser citados, a saber, gratificação no balanço que tem como motivo os lucros auferidos pela empresa, gratificação de festa (ex. 13º salário), gratificação de tempo de serviço (que pode incluir as horas extras).

5.2.1.7 Décimo terceiro salário ou gratificação natalina.

Trata-se de uma gratificação compulsória por força de lei, que tem natureza salarial, é também denominado "gratificação natalina" e foi criado pela Lei n. 4.090/62. é devido aos seguintes trabalhadores: a) empregados urbanos, rurais, domésticos; b) trabalhadores avulsos e temporários. O valor da gratificação deve ser equivalente a uma remuneração normal, caso o empregado tenha trabalhado o ano inteiro, isto é, os 12 meses, e deverá ser paga até o mês de dezembro. Caso o empregado tenha trabalhado apenas alguns meses, receberá o 13º salário proporcional, na razão de 1/12 por mês trabalhado, considerando a fração igual ou superior a 15 dias, como mês inteiro. Por exemplo, se o empregado é admitido em 10.3, no final do ano fará jus ao pagamento de 10/1, a título de 13º salário. Caso fosse contratado em 25.3, faria jus a 9/12, uma vez que trabalho menos de 15 dias no mês de admissão. (VENEZIANO, 2009, p. 164)

O 13º salário proporcional é cabível nos seguintes casos:

a) dispensa sem justa causa;

b) pedido de demissão;

c) término de contrato a prazo determinado;

d) aposentadoria.

O 13º salário não é devido na dispensa com justa causa. E, caso o empregador lhe tenha adiantado o valor referente à primeira parcela, poderá descontá-lo do saldo salarial e das férias vencidas (se houver).

Vejam-se trabalhadores avulsos (art. 7º, XXXIV, CF); servidores públicos (art. Parágrafo 2º, CF).

5.2.1.8 Prêmios.

O prêmio é geralmente considerado como um pago habitual. Diz-se de um salário vinculado a aspectos qualitativos do trabalhador e que resulta da produção, eficiência, pontualidade, assiduidade etc.

Os prêmios decorrem da produtividade do trabalhador, dizendo respeito a fatores de ordem pessoal deste, como a produção, a assiduidade, a qualidade. Não podem, porém ser a única forma de pagamento do salário, por serem dependentes de uma condição, devendo o obreiro perceber pelos menos um salário fixo. Não se confunde o prêmio com a gratificação, pois esta independe de uma condição esforço do empregado. (MARTINS, 2009, p. 265)

Observa-se que sendo habitual, o prêmio integra o salário. Caso contrário não será considerado salário.

5.2.1.9 Quebra de caixa.

Diz-se de um adicional pago ao trabalhador que exerce controle sobre ativos do empregador. Caso haja uma diferença a menos no caixa, o empregado deverá prestar conta da quantia. Exemplo de trabalhador que recebe este adicional são os caixas de banco.

A quebra de caixa, explica Sergio Pito Martins (2009, p. 266), normalmente é paga aos funcionários que fazem recebimentos pelo empregador, trabalhando diretamente no caixa da empresa. É um pagamento que tem natureza de compensar os descontos feitos no salário do obreiro em virtude de erro de caixa, por ter recebido numerário inferior ao que deveria receber. Assim, sua natureza é de verba compensatória, de indenização e não de contraprestação pelos serviços prestados pelo empregado. Possuindo natureza compensatória ou indenizatória e não salarial, não se integra no salário para nenhum efeito.

5.2.1.10 Participação nos lucros.

Trata-se de um benefício previsto na legislação pátria. É a possibilidade de participação dos resultados prevista na CF, no seu art. 7º, XI, e regulamentada por meio da Lei 10.101 de dezembro de 2000.

> **Constituição Federal, art.7º** - São direitos dos trabalhadores urbanos e rurais, além de outros que visem à melhoria de sua condição social:
> (...)
> XI - participação nos lucros, ou resultados, desvinculada da remuneração, e, excepcionalmente, participação na gestão da empresa, conforme definido em lei;
> (...)

Trata-se de um ganho adicional variável alcançado no resultado econômico final, apurado contabilmente, num determinado período de tempo. A empresa estabelece o percentual desse resultado para distribuí-lo de acordo com critérios pré-estabelecidos.

Diz-se do "pagamento feito pelo empregador ao empregado, em decorrência do contrato de trabalho, referente à distribuição do resultado positivo obtido pela empresa, o qual o obreiro ajudou a conseguir". (MARTINS, 2009, p. 270)

A participação nos lucros concebe-se dentro de programas de incentivo de gestão de pessoas, um estímulo ao aumento da capacidade produtiva dos trabalhadores que objetiva melhorar a qualidade e o desempenho interno da empresa.

5.2.2 Gorjeta.

A Gorjeta tem origem na palavra *gorja*, de garganta, no sentido de dar de beber, com significado equivalente a propina. É uma forma de retribuição do cliente ao empregado que o serviu, mostrando o reconhecimento pelo serviço prestado, que foi bem servido. Geralmente, a gorjeta é oferecida aos garçons, o aos trabalhadores de hotéis e restaurantes. (MARTINS, 2009, p. 253)

A gorjeta "consiste na entrega de dinheiro, pelo cliente de uma empresa, ao empregado desta que o serviu, como testemunho da satisfação pelo tratamento recebido" (VENEZIANO, 2009, p. 162). Assim, considera-se gorjeta não só a importância espontaneamente dada pelo cliente ao empregado, como também aquela que for cobrada pela empresa ao cliente, como adicional nas contas, a qualquer título, e destinada à distribuição aos empregados. (Art. 457, § 3º)

A gorjeta, como quantia paga ao empregado pelo cliente do empregador, significa o reconhecimento ao bom serviço prestado por aquele. A gorjeta é prevista nas convenções e acordos coletivos das categorias aonde ela é usada com habitualidade, como por exemplo, hotéis e restaurantes que cobram taxa de serviço. A gorjeta não pode ser usada para complementar o salário mínimo ou piso, não substituindo assim o salário.

5.3 Fundo de garantia.

FGTS é um direito do trabalhador consagrado na Constituição Federal. Diz-se de um instituto jurídico trabalhista que veio a suprir a falta de estabilidade laboral. Eis que, outrora, o trabalhador ao completar dez anos no mesmo emprego, tornava-se estável, não podia mais ser despedido, salvo se se comete justa causa ou pela ocorrência de força maior.

Ora se sabe que o sistema de estabilidade geral (estabilidade decenal freqüentemente burlada pelas empresas) que não está mais em vigor foi substituído pelo FGTS. Viu-se, assim, a necessidade de uma política habitacional, difundido o financiamento para construção de casa própria. Tal financiamento viria de um fundo bancário resultante das contribuições dos empregadores, por meio de depósitos mensais.

Assim surge o FGTS, como um fundo bancário: uma conta vinculada, um direito de reparação e não de indenização da dispensa do trabalhador.

Considera-se o Fundo de Garantia ou Fundo de Garantia do Tempo de Serviço (FGTS), um conjunto de recursos financeiros administrados pelo Estado e que objetiva amparar o trabalhador minimizando as conseqüências negativas que podem vir a derivar da rescisão da relação trabalhista, quanto à habitação, saneamento e infra-estrutura.

Diz-se de uma conta-poupança aberta pela empresa em nome do trabalhador que funciona como uma garantia ou proteção em caso de demissão sem justa causa, cujos valores podem ser sacados, em situações especiais, sem que o trabalhador tenha deixado o emprego.

Assim, define Sergio Pinto Martins, "o FGTS é um depósito bancário destinado a formar uma poupança para o trabalhador, que poderá ser sacada nas hipóteses previstas na lei, principalmente quando é dispensado sem justa causa. Outrossim, servem os depósitos como forma de financiamento para aquisição de moradia pelo Sistema Financeiro da Habitação". (MARTINS, 2009, p. 443)

5.3.1 Natureza jurídica.

Vê-se o FGTS como uma contribuição arrecadada pelo Estado, como um salário social (salário futuro) ou benefício salarial futuro devido pelos empregadores em caso de despedida do empregado sem justa causa. Não é um imposto, porém uma reserva do empregado para uso em caso de dispensa e outras hipóteses. É um deposito bancário destinado a formar uma poupança para o trabalhador: um direito decorrente do contrato de trabalho.

5.3.2 Fundamento legal.

O Fundo de Garantia, criado em 13 de setembro de 1966 é hodiernamente regulado pela Lei n. 8.036. a fonte principal de recursos que engrossam o FGTS são os depósitos mensais realizados pelos empregadores nas contas vinculadas dos trabalhadores, abertas na Caixa Econômica Federal.

Eis que "com a Constituição de 1988 (art. 7º, III) desaparece o sistema de opção ao FGTS, passando esta a ser um direito do trabalhador. Passa o FGTS a ser devido não só aos empregados urbanos, mas também aos empregados rurais. Estes passam a ter direito ao FGTS a partir de 5-10-88, data em que as empresas rurais deveriam começar a fazer os recolhimentos para seus trabalhadores". (MARTINS, 2009, p. 444)

> **Constituição Federal**, art.7º - São direitos dos trabalhadores urbanos e rurais, além de outros que visem à melhoria de sua condição social:
> (...)
> III - fundo de garantia do tempo de serviço;
> (...)

Assim, conforme a Consolidação das Leis do Trabalho todo trabalhador deve possuir uma conta de FGTS na Caixa Econômica Federal, possibilitando-se desta forma o depósito do valor referente a 8% do salário bruto do trabalhador. No caso do menor aprendiz o recolhimento deve importar em 2% da sua remuneração.

Desta forma, todos os trabalhadores urbanos e rurais tutelados pela CLT têm direito ao FGTS. Igualmente têm direito ao FGTS o diretor não empregado que não pertence ao quadro de pessoal da empresa, mas que tenha sido equiparado a empregado, os trabalhadores avulsos, como estivadores, conferentes, vigias portuários, etc., os empregados domésticos cujos empregadores optaram pelo recolhimento do FGTS.

Por outro lado, não terão direito ao FGTS os trabalhadores eventuais que prestam serviços provisórios, não estando sujeitos a ordem e a horário, e que não exerçam tarefas ligadas à atividade principal do tomador de serviços, os trabalhadores autônomos, os servidores públicos civis e militares, sujeitos ao regime trabalhista próprio.

A conta vinculada FGTS funciona como uma conta poupança, pois está sujeita a rendimentos e correção monetária (dia 10 de cada mês), com base na taxa de juros de 3% ao ano.

O FGTS foi instituído pela Lei nº 5.107, de 13/09/66. Esta lei foi regulamentada pelo Decreto nº 59.820, de 20/12/66. Formado por depósitos mensais, efetuados pelas empresas em nome de seus empregados, no valor equivalente ao percentual de 8% das remunerações que lhes são pagas ou devidas; em se tratando de contrato temporário de trabalho com prazo determinado, o percentual é de 2%, conforme dispõe o inciso II do art. 2º da Lei nº 9.601, de 21/01/98

15.3.3 Modalidades de contas do FGTS.

O FGTS opera em dois modalidades de contas, a saber, *ativas* e *inativas*. Vejamos:

a) Conta ativa: é a que mensalmente está recebendo depósitos pela empresa, durante o período em que você está trabalhando. Esta conta rende Juros e Atualização Monetária.

b) Conta inativa: é a que deixa de receber depósitos, pois o trabalhador saiu da empresa e não sacou a conta. Esta conta continua rendendo Juros e Atualização Monetária até o trabalhador sacá-la.

5.3.4 Depósito e saques.

Todo empregador é obrigado a efetuar mensalmente depósito no valor de 8% dos salários que paga ao empregado. Os depósitos são efetuados na Caixa Econômica Federal.

O valor depositado pode ser sacado pelo titular da conta ou no caso de morte pelos seus herdeiros.

5.3.4.1 Movimentação de conta vinculada.

Acerca da movimentação da conta vinculada do FGTS, vejamos as hipóteses em que o trabalhador pode levantar os depósitos do FGTS (na cessação do contrato):

1. dispensa sem justa causa (pelo empregador), culpa recíproca ou força maior;

2. aposentadoria concedida pela Previdência Social;

3. rescisão de contrato de trabalho, inclusive contrato a termo, por motivo de culpa recíproca ou força maior;

4. rescisão do contrato de trabalho por extinção total da empresa, fechamento de quaisquer estabelecimento, filiais, agências, supressão de parte de suas atividades ou, ainda, falecimento do empregador individual;

5. extinção normal do contrato a termo, inclusive o dos trabalhadores temporários;

6. falecimento do trabalhador;

7. pagamento de parte das prestações decorrentes de financiamento habitacional concedido no âmbito do Sistema Financeiro de Habitação – SFH;

8. liquidação amortização extraordinária do saldo devedor de financiamento imobiliário.

9. pagamento total ou parcial do preço da aquisição de moradia própria;

10. quando a conta permanecer 3 anos sem depósito;

11. quando o trabalhador ou qualquer de seus dependentes for acometido de neoplasia maligna (tumor maligno).

12. quando o trabalhador ou qualquer de seus dependentes for portador do vírus HIV;

13- quando o trabalhador ou qualquer de seus dependentes estiver em estágio terminal, em razão de doença grave;

14. quando o trabalhador tiver idade igual ou superior a 70 anos;

15. em caso de necessidade pessoal que decorra de desastre natural (chuva, inundação, terremoto etc.)

Prazo: o FGTS deverá se depositado até o dia 7 de cada mês subseqüente ao vencido.

5.3.2 Verbas rescisórias: aviso prévio.

Aviso prévio "é a comunicação da rescisão do contrato de trabalho pela parte que decide extingui-lo, com a antecedência a que estiver obrigada e com o dever de manter o contrato, após essa comunicação, até o decurso do prazo nela previsto, sob pena de pagamento de uma quantia substitutiva". (VENEZIANO, 2009, p. 91)

Conforme art. 7º, inc. XXI, da CF: *aviso prévio proporcional ao tempo de serviço, sendo no mínimo de trinta dias, nos termos da lei.* Veja-se, ainda, o art. 487 da CLT.

Assim, conclui André Horta Veneziano (2009, p. 92):

> Quando o aviso prévio for dado pelo empregador, a jornada de trabalho do empregado será reduzida em duas horas diariamente, sem prejuízo do salário, para que possa procurar outro emprego. Se ao contrário, for dado pelo empregado, sua jornada não se alterará, pois há presunção de que já tenha em vista outra colocação. Na primeira hipótese, faculta-se ao empregado trabalhar sem a redução das duas horas diárias, caso em que poderá faltar ao serviço, sem prejuízo do salário integral, por sete dias corridos (aviso de 30 dias).

Conforme Súmula n. 276 do TST: "O direito ao aviso prévio é irrenunciável pelo empregado. O pedido de dispensa de cumprimento não exime o empregador de pagar o respectivo valor, salvo comprovação de haver o prestador dos serviços obtido novo emprego".

Capítulo 6
Suspensão, Interrupção e Extinção da Relação de Emprego

Conteúdo: 6.1 Suspensão e interrupção do contrato de trabalho. 6.1.1 Suspensão. 6.1.1.1 Pressupostos legais da suspensão. 6.1.2 Interrupção. 6.1.2.1 Pressupostos legais da interrupção. 6.2 Extinção do contrato de trabalho. 6.2.1 Efeitos da extinção do contrato de trabalho. 6.2.2 Pressupostos legais da extinção do contrato de trabalho. 6.2.2.1 Aviso prévio. 6.2.2.2 Dispensa arbitrária: sem justa causa. 6.2.2.3 Dispensa por justa causa do empregado. 6.2.2.4 Pedido de demissão. 6.2.2.5 Rescisão indireta. 6.2.2.6 Culpa recíproca. 6.2.2.7 Aposentadoria. 6.2.2.8 Desaparecimento de uma das partes.

Em tema anterior cuidamos dos direitos derivados da relação de emprego. Ora, importa estudar dois institutos não menos interessantes que, mesmo com efeitos diversos, têm por intuito evitar a rescisão arbitrária do contrato de trabalho, a saber, *suspensão* e a *interrupção* da relação de emprego. Trataremos, pois de um dos temas cuidados pela doutrina e tutelado pela CLT, no Capítulo IV do Título IV (Do contrato individual do trabalho).

6.1 Suspensão e interrupção do contrato de trabalho.

O Direito de Trabalho pátrio faz distinção entre suspensão e interrupção do contrato de trabalho. A *suspensão* consiste na supressão *total* e temporária de todos os efeitos do contrato de trabalho, com exceção do vínculo empregatício. Já a interrupção significa supressão *parcial* e temporária, sendo mantido o vínculo, a obrigação do salário e dos depósitos do Fundo de Garantia do Tempo de Serviço (FGTS).

A maioria da doutrina esclarece que, na suspensão, a empresa não deve pagar salários, nem contar o tempo de serviço do empregado que está afastado. Na interrupção, há necessidade do pagamento dos salários no afastamento do trabalhador e, também a contagem do tempo de serviço. (MARTINS, 2009, p. 324)

As denominações não são pacíficas, pois, para alguns autores a expressão suspensão do contrato é incorreta, pois "o que se suspende é o trabalho e não o contrato de trabalho, que permanece íntegro" (MARTINS, 2009, p. 324). Igualmente, a interrupção recai sobre a atividade "trabalho" e não sobre o contrato.

Em ambos os casos, o trabalho considerar-se-ia suspenso ou interrompido e, mesmo que considerado vigente, as obrigações principais das partes não serão totalmente exigíveis.

Do ponto de vista da sua importância e objetividade jurídica, os institutos da *suspensão* e da *interrupção* visam garantir ao trabalhador certa estabilidade e permanência no emprego. Diz-se de uma estabilidade tutelada pela lei ou por negociação que impede a dispensa do empregado sem causa objetiva.

A seguir, significaremos com mais detalhe tais institutos.

6.1.1 Suspensão.

A suspensão do contrato de trabalho se significa como sendo um instituto do Direito do Trabalho que objetiva resguardar a paralisação temporária do serviço. É, conforme explica Sergio Pinto Martins (2009, p. 324-325) a cessação temporária dos efeitos do contrato de trabalho. Na suspensão, continua o citado autor o empregado não trabalha temporariamente, porém nenhum efeito produz em seu contrato de trabalho. São suspensas as obrigações e os direitos. O contrato de trabalho ainda existe apenas seus efeitos não são observados. Na suspensão, o empregado fica afastado, não recebendo salário; nem conta-se seu tempo de serviço, havendo a cessação provisória e total dos efeitos do contrato de trabalho.

Contudo, a causa suspensiva origina a não exigibilidade do trabalho e, assim sendo, da remuneração. Todavia o tempo da suspensão do contrato de trabalho não deve ser contado como de efetivo exercício, inexistindo, logo, obrigação de recolhimento previdenciário, conforme prescrito no artigo 15 da Lei n° 8213/1991.

6.1.1.1 Pressupostos legais da suspensão.

Várias são as hipóteses de suspensão do contrato de trabalho, a saber:

a) Mandato sindical, diz-se da licença não remunerada, isto é, o tempo em que o empregado se ausentar do trabalho no desempenho das funções de direção ou de representação sindical, salvo assentimento do empregador ou cláusula contratual (art. 543, § 2° da CLT).

> CLT, art. 543 - O empregado eleito para cargo de administração sindical ou representação profissional, inclusive junto a órgão de deliberação coletiva, não poderá ser impedido do exercício de suas funções, nem transferido para lugar ou mister que lhe dificulte ou torne impossível o desempenho das suas atribuições sindicais.
> (...)
> § 2º - Considera-se de licença não remunerada, salvo assentimento da empresa ou cláusula contratual, o tempo em que o empregado se ausentar do trabalho no desempenho das funções a que se refere este artigo.

b) Aposentadoria por invalidez, "hipótese de suspensão dos efeitos do contrato de trabalho. O empregador não tem obrigação de pagar salários no período, nem contar o tempo de serviço na empresa" (MARTINS, 2009, p. 327). É o caso em que o empregado terá suspenso o seu contrato de trabalho durante o prazo fixado pelas leis de previdência social para a efetivação do benefício, conforme art. 475 da CLT.

> CLT, art. 475 - O empregado que for aposentado por invalidez terá suspenso o seu contrato de trabalho durante o prazo fixado pelas leis de previdência social para a efetivação do benefício.

Conforme o artigo 47, inciso I da Lei n° 8213/1991 o prazo máximo de suspensão é de cinco anos. Neste mesmo sentido a Súmula 217 do Supremo Tribunal Federal (STF), determina o direito de retorno ao emprego do aposentado quando recuperada sua capacidade de trabalho dentro de cinco anos a contar da aposentadoria.

c) Serviço militar ou outro encargo público, a prestação do serviço militar obrigatória (art. 143, caput da Constituição Federal de 1988), não invalida os direitos trabalhistas.

> **Constituição Federal, art.143** - O serviço militar é obrigatório nos termos da lei.
> § 1º - Às Forças Armadas compete, na forma da lei, atribuir serviço alternativo aos que, em tempo de paz, após alistados, alegarem imperativo de consciência, entendendo-se como tal o decorrente de crença religiosa e de convicção filosófica ou política, para se eximirem de atividades de caráter essencialmente militar.
> § 2º - As mulheres e os eclesiásticos ficam isentos do serviço militar obrigatório em tempo de paz, sujeitos, porém, a outros encargos que a lei lhes atribuir.

Veja-se, também, como exemplo, o prescrito no parágrafo segundo do artigo 472 da CLT:

> Art. 472 - O afastamento do empregado em virtude das exigências do serviço militar, ou de outro encargo público, não constituirá motivo para alteração ou rescisão do contrato de trabalho por parte do empregador.
> § 1º - Para que o empregado tenha direito a voltar a exercer o cargo do qual se afastou em virtude de exigências do serviço militar ou de encargo público, é indispensável que notifique o empregador dessa intenção, por telegrama ou carta registrada, dentro do prazo máximo de 30 (trinta) dias, contados da data em que se verificar a respectiva baixa ou a terminação do encargo a que estava obrigado.
> § 2º - Nos contratos por prazo determinado, o tempo de afastamento, se assim acordarem as partes interessadas, não será computado na contagem do prazo para a respectiva terminação.
> § 3º - Ocorrendo motivo relevante de interesse para a segurança nacional, poderá a autoridade competente solicitar o afastamento do empregado do serviço ou do local de trabalho, sem que se configure a suspensão do contrato de trabalho.
> § 4º - O afastamento a que se refere o parágrafo anterior será solicitado pela autoridade competente diretamente ao empregador, em representação fundamentada com audiência da Procuradoria Regional do Trabalho, que providenciará desde logo a instauração do competente inquérito administrativo.
> § 5º - Durante os primeiros 90 (noventa) dias desse afastamento, o empregado continuará percebendo sua remuneração.

d) Diretor eleito, de acordo com a Lei das Sociedades por Ações, a Assembléia de Acionistas pode eleger empregados da companhia para cargo de diretor.

e) Auxílio doença é uma hipótese de seguro-doença ou auxílio-enfermidade, ou quando o empregado se considerado em licença não remunerada, durante o prazo desse beneficio. Assim, "no transcurso da doença do empregado, o pacto laboral não pode ser rescindido, o empregado é considerado em licença não remunerada, durante o prazo desse benefício". (MARTINS, 2009, p. 326)

Vejamos o que se prescreve no art.476 da CLT: "*Em caso de seguro-doença ou auxílio-enfermidade, o empregado é considerado em licença não remunerada, durante o prazo desse benefício*".

Desta forma, considera-se suspenso o contrato de trabalho se o benefício durar mais de quinze dias, contando-se a suspensão a partir do 16° dia. Com a Lei n° 8213/1991, artigo 18, as denominações *seguro-doença* e *auxílio-enfermidade* substituíram-se pela denominação *auxílio-doença.*

Concluído o tempo de benefício previdenciário, o empregado deverá retornar ao trabalho, caso contrário será considerado abandono de emprego quando, no prazo de 30 (trinta) dias após a cessação do benefício previdenciário, o trabalhador não retornar ao serviço, sem justificação do motivo.

f) Inquérito judicial de empregado estável, na hipótese do empregado ser acusado de falta grave poderá ser suspenso de suas funções, assim como prescrito no artigo 494 da CLT. Vejamos,

> CLT, art. 494 - O empregado acusado de falta grave poderá ser suspenso de suas funções, mas a sua despedida só se tornará efetiva após o inquérito e que se verifique a procedência da acusação.
> Parágrafo único - A suspensão, no caso deste artigo, perdurará até a decisão final do processo.

Na hipótese de ser reconhecida a inexistência de falta o empregado deverá ser reintegrado, convertendo-se a suspensão contratual em mera interrupção, sendo o empregador obrigado a pagar os salários a que o empregado teria direito no período da suspensão, assim como prescrito no art. 495 da CLT.

> Art. 495 - Reconhecida a inexistência de falta grave praticada pelo empregado, fica o empregador obrigado a readmiti-lo no serviço e a pagar-lhe os salários a que teria direito no período da suspensão.

Nesse caso, o período de afastamento não será considerado falto ao serviço, para efeito de férias, conforme art. 131, inc. V da CLT.

> CLT, art. 131 - Não será considerada falta ao serviço, para os efeitos do artigo anterior, a ausência do empregado:
> (...)
> V - durante a suspensão preventiva para responder a inquérito administrativo ou de prisão preventiva, quanto for impronunciado ou absorvido;
> (...)

Julgado procedente o inquérito, a suspensão se converterá em despedida.

g) Suspensão disciplinar, como foi estudado, a subordinação na relação trabalhista implica no poder de direção, de comando e disciplinar do empresário sobre seus subordinados. Assim, a suspensão disciplinar significa o poder que o empregador tem de impor sanções disciplinares ao empregado, conforme a lei.

Neste caso, a suspensão disciplinar objetiva ordenar o comportamento individual e coletivo conforme exigências da empresa. A sanção sucede a falta e a advertências. Contudo, o empregado será suspenso por motivo de falta disciplinar, sem obrigação do pagamento de salário.

h) Greve, o direito à greve constitui um direito assegurado na Constituição Federal, artigo 9°:

> **Constituição Federal**, art.9º - É assegurado o direito de greve, competindo aos trabalhadores decidir sobre a oportunidade de exercê-lo e sobre os interesses que devam por meio dele defender.
> § 1º - A lei definirá os serviços ou atividades essenciais e disporá sobre o atendimento das necessidades inadiáveis da comunidade.
> § 2º - Os abusos cometidos sujeitam os responsáveis às penas da lei.

i) Curso ou programa de qualificação profissional, prescrito no artigo 476-A da CLT, constitui uma tutela do direito do emprego, estimulando-se, desta forma, a qualificação profissional.

> **CLT, art. 476-A**. O contrato de trabalho poderá ser suspenso, por um período de dois a cinco meses, para participação do empregado em curso ou programa de qualificação profissional oferecido pelo empregador, com duração equivalente à suspensão contratual, mediante previsão em convenção ou acordo coletivo de trabalho e aquiescência formal do empregado, observado o disposto no art. 471 desta Consolidação.
> § 1º Após a autorização concedida por intermédio de convenção ou acordo coletivo, o empregador deverá notificar o respectivo sindicato, com antecedência mínima de quinze dias da suspensão contratual.
> § 2º O contrato de trabalho não poderá ser suspenso em conformidade com o disposto no **caput** deste artigo mais de uma vez no período de dezesseis meses.
> § 3º O empregador poderá conceder ao empregado ajuda compensatória mensal, sem natureza salarial, durante o período de suspensão contratual nos termos do **caput** deste artigo, com valor a ser definido em convenção ou acordo coletivo.
> § 4º Durante o período de suspensão contratual para participação em curso ou programa de qualificação profissional, o empregado fará jus aos benefícios voluntariamente concedidos pelo empregador.
> § 5º Se ocorrer a dispensa do empregado no transcurso do período de suspensão contratual ou nos três meses subseqüentes ao seu retorno ao trabalho, o empregador pagará ao empregado, além das parcelas indenizatórias previstas na legislação em vigor, multa a ser estabelecida em convenção ou acordo coletivo, sendo de, no mínimo, cem por cento sobre o valor da última remuneração mensal anterior à suspensão do contrato.
> § 6º Se durante a suspensão do contrato não for ministrado o curso ou programa de qualificação profissional, ou o empregado permanecer trabalhando para o empregador, ficará descaracterizada a suspensão, sujeitando o empregador ao pagamento imediato dos salários e dos encargos sociais referentes ao período, às penalidades cabíveis previstas na legislação em vigor, bem como às sanções previstas em convenção ou acordo coletivo.
> § 7º O prazo limite fixado no **caput** poderá ser prorrogado mediante convenção ou acordo coletivo de trabalho e aquiescência formal do empregado, desde que o empregador arque com o ônus correspondente ao valor da bolsa de qualificação profissional, no respectivo período.

Sabem-se, todavia, de outras hipóteses de suspensão, a saber: j) Licença não remunerada; k) prisão preventiva do empregado; l) aborto criminoso; m) faltas injustificadas ao trabalho.

6.1.2 Interrupção.

Por meio da interrupção do contrato de trabalho se preserva a relação jurídica, isto é, continua o vínculo jurídico entre os sujeitos empregador e empregado. Neste sentido a obrigação salarial continua, preservando-se, igualmente o tempo de serviço.

Para Sergio Pinto Martins, a licença remunerada (licença médica) seria uma hipótese típica de interrupção dos efeitos do contrato de trabalho, embora não haja prestação de serviço pelo empregado, pois o empregador terá de pagar salários e o tempo de serviço será computado. Contudo, na interrupção, apesar de o empregado não prestar serviços, são produzidos efeitos em seu contrato de trabalho. (MARTINS, 2009, p. 325)

A interrupção do contrato de trabalho pode vir a ocorrer por diversas causas, a saber:

1 por causas alheias à vontade do empregado (exemplo: acidente do trabalho);

2 por causa imputável ao empregado (exemplo: por motivo de ordem disciplinar);

3 por prescrição legal direta, em todos os casos em que o ordenamento jurídico assegura ao trabalhador.

Independentemente de que o empregado deixe de prestar serviços ao empregador, o empregador continua com a obrigação de pagar salário. Diz-se da interrupção da atividade laboral, mas não do contrato de trabalho, ou noutro sentido trata-se de uma interrupção parcial do contrato de trabalho.

6.1.2.1 Pressupostos legais da interrupção.

Destarte, "haverá interrupção quando o empregado for remunerado normalmente, embora não preste serviços, contando-se também seu tempo de serviço, mostrando a existência de uma cessação provisória e parcial dos efeitos do contrato de trabalho. Vejamos as hipóteses em que a interrupção acontece". (MARTINS, 2009, p. 325)

a) Lock-out, trata-se de uma denominação inglesa que significa "fechar a porta". Historicamente a Lock-out via-se como uma medida contra a greve, por meio da suspensão temporária, total ou parcial, das atividades das empresas: uma estratégia usada pelos empregadores para se opor à ameaça de greve, entendia-se assim como uma forma de greve do empregador ("greve patronal"), uma forma de autodefesa dos interesses e das necessidades dos empregadores.

Logo, não caracteriza a *Lock-out* a falência ou paralisação da empresa por problemas econômicos, ou melhor, a extinção da empresa e a consequente dispensa sem justa causa dos empregados, pois os riscos da atividade econômica organizada (empresa) é do empregador e não dos empregados.

Conforme a legislação vigorante, art. 722 da CLT: os empregadores que, individual ou coletivamente, suspenderem os trabalhos dos seus estabelecimentos, sem prévia autorização do Tribunal competente, ou que violarem, ou se recusarem a cumprir decisão proferida em dissídio coletivo, incorrerão em penalidades preestabelecidas em lei.

Assim, por exemplo, no § 3º do artigo 722 da CLT se prescreve: "Sem prejuízo das sanções cominadas neste artigo, os empregadores ficarão obrigados a pagar os salários devidos aos seus empregados, durante o tempo de suspensão do trabalho".

Vê-se, assim, como ilícita a tentativa de imposição de direitos patronais privando os trabalhadores dos seus direitos trabalhistas.

b) Férias, diz-se de um direito de todo trabalhador tutelado no art. 7°, inc. XVII da CF, hipótese concreta de interrupção do contrato de trabalho:

> **Constituição Federal**, art.7º - São direitos dos trabalhadores urbanos e rurais, além de outros que visem à melhoria de sua condição social:
> (...)
> XVII - gozo de férias anuais remuneradas com, pelo menos, um terço a mais do que o salário normal;
> (...)

Férias "é o exemplo mais comum que se dá de hipótese de interrupção do contrato de trabalho. Nestas, o empregado não presta serviços, mas recebe salários, não ficando privado de sua remuneração (art. 129 da CLT), sendo, também, contado o tempo de serviço para todos os efeitos (§ 2º do art. 130 da CLT)". (MARTINS, 2009, p. 339)

Trata-se de um direito consequente da atividade desenvolvida durante o período de doze meses de vigência do contrato de trabalho. O empregado tem, nessas condições, direito ao gozo de um período de férias, conforme prescrito no artigo 130 da CLT. Vejamos.

> **CLT**, art. 129 - Todo empregado terá direito anualmente ao gozo de um período de férias, sem prejuízo da remuneração.
>
> Art. 130 - Após cada período de 12 (doze) meses de vigência do contrato de trabalho, o empregado terá direito a férias, na seguinte proporção:
> I - 30 (trinta) dias corridos, quando não houver faltado ao serviço mais de 5 (cinco) vezes;
> II - 24 (vinte e quatro) dias corridos, quando houver tido de 6 (seis) a 14 (quatorze) faltas;
> III - 18 (dezoito) dias corridos, quando houver tido de 15 (quinze) a 23 (vinte e três) faltas;
> IV - 12 (doze) dias corridos, quando houver tido de 24 (vinte e quatro) a 32 (trinta e duas) faltas.
> § 1º - É vedado descontar, do período de férias, as faltas do empregado ao serviço.
> § 2º - O período das férias será computado, para todos os efeitos, como tempo de serviço.
>
> Art. 130-A. Na modalidade do regime de tempo parcial, após cada período de doze meses de vigência do contrato de trabalho, o empregado terá direito a férias, na seguinte proporção:
> I - dezoito dias, para a duração do trabalho semanal superior a vinte e duas horas, até vinte e cinco horas;
> II - dezesseis dias, para a duração do trabalho semanal superior a vinte horas, até vinte e duas horas;
> III - quatorze dias, para a duração do trabalho semanal superior a quinze horas, até vinte horas;

> IV - doze dias, para a duração do trabalho semanal superior a dez horas, até quinze horas;
> V - dez dias, para a duração do trabalho semanal superior a cinco horas, até dez horas;
> VI - oito dias, para a duração do trabalho semanal igual ou inferior a cinco horas.
> Parágrafo único. O empregado contratado sob o regime de tempo parcial que tiver mais de sete faltas injustificadas ao longo do período aquisitivo terá o seu período de férias reduzido à metade.

c) Demissão temporária, que consiste na interrupção do contrato de trabalho. Diz-se de uma alternativa à extinção do contrato de trabalho, interrompendo a vigência deste por um período de dois a cinco meses.

É uma interrupção que não se confunde com rescisão do contrato de trabalho, pois, por meio da demissão temporária o contrato deixa apenas temporariamente de produzir seus efeitos, resguardando o vínculo empregatício.

Nessa hipótese, a ausência do empregado é considerada como justificada, sendo garantida sua volta ao trabalho.

d) Acidente do trabalho considera-se uma hipótese de interrupção do contrato de trabalho, pois o dia do acidente do trabalho e os 15 dias seguintes serão remunerados pelo empregador. Igualmente conta-se o tempo de serviço. (MARTINS, 2009, p. 326)

Junto às hipóteses de interrupção anteriormente estudadas, citam-se outros casos pela doutrina nacional e estrangeira, a saber:

a) domingos e feriados, se o empregado trabalhou durante a semana. Veja-se Lei 605/49;

b) falecimento do cônjuge, ascendente, irmão ou dependente anotado na carteira profissional. Veja-se artigo 473[10] e 320[11] da CLT.

---

[10] Art. 473 - O empregado poderá deixar de comparecer ao serviço sem prejuízo do salário:
I - até 2 (dois) dias consecutivos, em caso de falecimento do cônjuge, ascendente, descendente, irmão ou pessoa que, declarada em sua carteira de trabalho e previdência social, viva sob sua dependência econômica;
II - até 3 (três) dias consecutivos, em virtude de casamento;
III - por um dia, em caso de nascimento de filho no decorrer da primeira semana;
IV - por um dia, em cada 12 (doze) meses de trabalho, em caso de doação voluntária de sangue devidamente comprovada;
V - até 2 (dois) dias consecutivos ou não, para o fim de se alistar eleitor, nos termos da lei respectiva.
VI - no período de tempo em que tiver de cumprir as exigências do Serviço Militar referidas na letra "c" do art. 65 da Lei nº 4.375, de 17 de agosto de 1964 (Lei do Serviço Militar).
VII - nos dias em que estiver comprovadamente realizando provas de exame vestibular para ingresso em estabelecimento de ensino superior.
VIII - pelo tempo que se fizer necessário, quando tiver que comparecer a juízo.
IX - pelo tempo que se fizer necessário, quando, na qualidade de representante de entidade sindical, estiver participando de reunião oficial de organismo internacional do qual o Brasil seja membro.

[11] Art. 320 - A remuneração dos professores será fixada pelo número de aulas semanais, na conformidade dos horários.
§ 1º - O pagamento far-se-á mensalmente, considerando-se para este efeito cada mês constituído de quatro semanas e meia.
§ 2º - Vencido cada mês, será descontada, na remuneração dos professores, a importância correspondente ao número de aulas a que tiverem faltado.

c) casamento, conforme prescrito no artigo 473, II da CLT.

e) doação de sangue, conforme prescrito no artigo 473, IV da CLT.

f) alistamento eleitoral, conforme prescrito no artigo 473, V da CLT.

g) nascimento de filho, conforme prescrito no artigo 473, III da CLT.

h) certos casos de obrigações militares, conforme prescrito no artigo 473, VI da CLT.

i) testemunha ou parte em processo trabalhista, conforme prescrito no artigo 822 da CLT.

> **CLT**, art. 822 - As testemunhas não poderão sofrer qualquer desconto pelas faltas ao serviço, ocasionadas pelo seu comparecimento para depor, quando devidamente arroladas ou convocadas.

j) gravidez e aborto não criminoso, conforme prescrito nos artigos 392 e 395 da CLT:

> Art. 392. A empregada gestante tem direito à licença-maternidade de 120 (cento e vinte) dias, sem prejuízo do emprego e do salário.
>
> Art. 395 - Em caso de aborto não criminoso, comprovado por atestado médico oficial, a mulher terá um repouso remunerado de 2 (duas) semanas, ficando-lhe assegurado o direito de retornar à função que ocupava antes de seu afastamento.

Observe-se o seguinte exemplo: "Se o aborto não é criminoso, a empregada tem direito a duas semanas de descanso. Quem faz o pagamento é a Previdência Social. Trata-se, portanto, da interrupção do contrato de trabalho, pois conta-se o tempo de serviço para todos os efeitos. Se o aborto for, porém, criminoso haverá a suspensão do contrato de trabalho, pois nenhum efeito gerará para a empresa". (MARTINS, 2009, p. 326)

k) afastamento para inquérito por motivo de segurança nacional, conforme prescrito no artigo 472, § 5º da CLT.

> **CLT**, art. 472 - O afastamento do empregado em virtude das exigências do serviço militar, ou de outro encargo público, não constituirá motivo para alteração ou rescisão do contrato de trabalho por parte do empregador.
> (...)
> § 5º - Durante os primeiros 90 (noventa) dias desse afastamento, o empregado continuará percebendo sua remuneração.

l) comparecimento de jurado à sessão do júri (CPP, art. 430).

m) exame vestibular, conforme prescrito no artigo 473, VII da CLT etc.

---

§ 3º - Não serão descontadas, no decurso de 9 (nove) dias, as faltas verificadas por motivo de gala ou de luto em consequência de falecimento do cônjuge, do pai ou mãe, ou de filho.

Resumindo, a suspensão e a interrupção do contrato do trabalho são institutos que visam a inviabilizar a extinção dos contratos por tempo indeterminado.

Em verdade a suspensão e a interrupção do contrato são complementos da regra prevista do art. 471 da CLT, a saber: "Ao empregado afastado do emprego, são asseguradas, por ocasião de sua volta, todas as vantagens que, em sua ausência, tenham sido atribuídas à categoria a que pertencia na empresa".

Contudo, o efeito da Suspensão do Contrato de Trabalho recai sobre as obrigações contratuais: pagamento de salário e a prestação de serviço.

6.2 Extinção do contrato de trabalho.

Conforme a doutrina nacional o conceito "extinção" (extinção do contrato de trabalho) pode vir a significar o "fim das relações jurídicas", e neste ramo jurídico: o fim da relação jurídica empregatícia, motivo pelo qual se extinguem os direitos e as obrigações derivadas do contrato de trabalho.

Autores igualam a extinção do contrato aos termos cessação, dissolução, resolução e rescisão. Vemos nas diversas obras publicadas acerca do tema o uso indistinto desses vocábulos. Mas, aos efeitos do presente estudo extinção do contrato de trabalho há de significar o mesmo que cessação ou resolução da relação jurídica contratual na ordem trabalhista: termo que demarca o encerramento das atividades do empregado junto ao seu empregador, isto é, o fim do vinculo jurídico estabelecido por contrato de trabalho.

Pois bem, cessação é expressão genérica e sinônima dos vocábulos resolução, e rescisão, tema que se sabe extremamente importante, no marco do Direito do Trabalho. Assim, conhecer as formas de extinção do contrato de trabalho e suas consequências jurídicas é conhecer a maneira em que os direitos e deveres perecem ou permanecem quando a cessação da causa da relação jurídica empregatícia: contrato.

Devemos também distinguir a cessação do contrato de trabalho da suspensão e interrupção dos efeitos do contrato de trabalho estudados no tema anterior. Eis que a cessação atinge a existência do contrato, enquanto nos outros institutos há continuidade do vínculo empregatício. (MARTINS, 2009, p. 325)

6.2.1 Efeitos da extinção do contrato de trabalho.

A cessação do contrato de trabalho é a terminação do vínculo de emprego, com a extinção das obrigações para os contratantes. (MARTINS, 2009, p. 352)

Em verdade, a extinção ou cessação do contrato de trabalho gera consequências diversas. Assim, por exemplo, no plano econômico o fim da relação contratual empregatícia engendra consequências que incidem na sociedade.

Vê-se que, junto ao efeito social, político e moral que origina o desemprego no país, a incidência na economia é notória quer regional, ou nacional. Fala-se, assim, da desaceleração da economia de consumo, uma vez que o trabalhador desempregado perde toda possibilidade de subsistência individual e familiar, condição que repercute na desigualdade social, na pobreza, na informalidade econômica, na realização da cidadania e na inclusão social.

6.2.2 Pressupostos legais da extinção do contrato de trabalho.

A extinção do contrato de trabalho funda-se em disposições nacionais e internacionais vigorantes.

A OIT (Organização Internacional do Trabalho), por exemplo, pela Convenção nº 158, tem como cerne a extinção do contrato de trabalho por iniciativa do empregador. Assim, estabelece critérios que se referem à dispensa arbitrária, sendo condição essencial a justificação dos motivos da dispensa.

No contexto nacional o tema é cuidado por normas constitucionais. Eis que no inciso I, do artigo 7º, da Constituição Federal de 1988, se prescreve a vedação da possibilidade de ocorrer dispensa arbitrária ou *sem justa causa*. Vejamos.

> **Constituição Federal**, art.7º - São direitos dos trabalhadores urbanos e rurais, além de outros que visem à melhoria de sua condição social:
> I - relação de emprego protegida contra despédida arbitrária ou sem justa causa, nos termos de lei complementar, que preverá indenização compensatória, dentre outros direitos;
> (...)

Já as normas infraconstitucionais, especificamente a CLT cuidam da estabilidade do trabalhador como visto no tema anterior (Suspensão e Interrupção do Contrato de Trabalho). Vemos na CLT, no seu artigo 165 o seguinte:

> **CLT**, art. 165 - Os titulares da representação dos empregados nas CIPA (s) não poderão sofrer despedida arbitrária, entendendo-se como tal a que não se fundar em motivo disciplinar, técnico, econômico ou financeiro.
> Parágrafo único - Ocorrendo a despedida, caberá ao empregador, em caso de reclamação à Justiça do Trabalho, comprovar a existência de qualquer dos motivos mencionados neste artigo, sob pena de ser condenado a reintegrar o empregado.

Comissão Interna de Prevenção de Acidentes - **CIPA** - tem como objetivo a prevenção de acidentes e doenças decorrentes do trabalho.

6.2.2.1 Aviso prévio.

Conforme ensina Amauri Mascaro Nascimento (2007, p. 423): "o aviso prévio é a comunicação da rescisão do contrato de trabalho pela parte que decide extingui-lo, com a antecedência a que estiver obrigada e com o dever de manter o contrato após essa comunicação até o decurso do prazo nela previsto, sob pena de pagamento de uma quantia subjetiva, no caso de ruptura do contrato".

Contudo, pensamos o aviso prévio como uma limitação imposta ao poder do empregador. Trata-se de uma das formas de minimizar a injustiça que deriva da ruptura da relação de emprego ou da dispensa sem justa causa. Isto fica evidente quando lemos o prescrito no artigo 487 e seguintes da CLT. Vejamos.

CLT, art. 487 - Não havendo prazo estipulado, a parte que, sem justo motivo, quiser rescindir o contrato deverá avisar a outra da sua resolução com a antecedência mínima de:
I - oito dias, se o pagamento for efetuado por semana ou tempo inferior;
II - trinta dias aos que perceberem por quinzena ou mês, ou que tenham mais de 12 (doze) meses de serviço na empresa.
§ 1º - A falta do aviso prévio por parte do empregador dá ao empregado o direito aos salários correspondentes ao prazo do aviso, garantida sempre a integração desse período no seu tempo de serviço.
§ 2º - A falta de aviso prévio por parte do empregado dá ao empregador o direito de descontar os salários correspondentes ao prazo respectivo.
§ 3º - Em se tratando de salário pago na base de tarefa, o cálculo, para os efeitos dos parágrafos anteriores, será feito de acordo com a média dos últimos 12 (doze) meses de serviço.
§ 4º - É devido o aviso prévio na despedida indireta.
§ 5º O valor das horas extraordinárias habituais integra o aviso prévio indenizado.
§ 6º O reajustamento salarial coletivo, determinado no curso do aviso prévio, beneficia o empregado pré-avisado da despedida, mesmo que tenha recebido antecipadamente os salários correspondentes ao período do aviso, que integra seu tempo de serviço para todos os efeitos legais.

Art. 488 - O horário normal de trabalho do empregado, durante o prazo do aviso, e se a rescisão tiver sido promovida pelo empregador, será reduzido de 2 (duas) horas diárias, sem prejuízo do salário integral.
Parágrafo único - É facultado ao empregado trabalhar sem a redução das 2 (duas) horas diárias previstas neste artigo, caso em que poderá faltar ao serviço, sem prejuízo do salário integral, por 1 (um) dia, na hipótese do inciso l, e por 7 (sete) dias corridos, na hipótese do inciso lI do art. 487 desta Consolidação.

Art. 489 - Dado o aviso prévio, a rescisão torna-se efetiva depois de expirado o respectivo prazo, mas, se a parte notificante reconsiderar o ato, antes de seu termo, à outra parte é facultado aceitar ou não a reconsideração.
Parágrafo único - Caso seja aceita a reconsideração ou continuando a prestação depois de expirado o prazo, o contrato continuará a vigorar, como se o aviso prévio não tivesse sido dado.

Art. 490 - O empregador que, durante o prazo do aviso prévio dado ao empregado, praticar ato que justifique a rescisão imediata do contrato, sujeita-se ao pagamento da remuneração correspondente ao prazo do referido aviso, sem prejuízo da indenização que for devida.

Art. 491 - O empregado que, durante o prazo do aviso prévio, cometer qualquer das faltas consideradas pela lei como justas para a rescisão, perde o direito ao restante do respectivo prazo.

Como se vê, o aviso prévio beneficia o empregador, uma vez que inviabiliza o pedido de demissão por parte do trabalhador sem tempo hábil, caso em que acarretará prejuízos para a empresa, pela impossibilidade de conseguir a substituição do empregado. Eis que, conforme o § 2º do art. 487 da CLT dispõe que "a falta de aviso prévio por parte do empregado dá ao empregador o direito de descontar os salários correspondentes ao prazo respectivo". Por outro lado o aviso prévio beneficia o empregado, pois se demarca um período em que tomando consciência da demissão, dada a possibilidade de se reinserir num outro centro de trabalho. Todavia, "a falta do aviso prévio por parte do empregador dá ao empregado o direito aos salários correspondentes ao prazo do aviso, garantida sempre a integração desse período no seu tempo de serviço", conforme prescrito no § 1º do art. 487 da CLT.

Em suma, o aviso prévio elimina a incerteza não presente, por exemplo, nos casos da rescisão recíproca, de aposentadoria do empregado. Por meio do aviso prévio tanto o empregador como o empregado tomam ciência acerca da resolução do contrato de trabalho, superando-se, assim, a surpresa para as partes constitutivas da relação contratual em extinção.

6.2.2.2 Dispensa arbitrária: sem justa causa.

Conforme vimos no artigo 165 da CLT, a dispensa arbitrária é aquela dispensa infundada, por inexistirem motivos disciplinares, técnicos, econômicos ou financeiros que justifique a demissão. Diz-se de uma forma de extinção do contrato de trabalho que nasce unicamente da consideração (arbitrária) do empregador, podendo afetar social, econômica e moralmente o empregado, quando extinguido sem motivos o contrato de trabalho que supostamente oferecia estabilidade quer definitiva quer provisória.

Conforme disposto no art. 147 da CLT: *O empregado que for despedido sem justa causa, ou cujo contrato de trabalho se extinguir em prazo predeterminado, antes de completar 12 (doze) meses de serviço, terá direito à remuneração relativa ao período incompleto de férias, de conformidade com o disposto no artigo anterior.*

Assim, a hipótese de dispensa sem justa causa ou arbitrária acarretará o dever de indenizar, com base no maior salário, as seguintes verbas:

a) saldo de salário;

b) aviso prévio indenizado (se for o caso);

c) férias proporcionais e vencidas (se houver), acrescidas de 1/3 constitucional;

d) 13° salário proporcional;

e) FGTS (rescisão e os valores depositados na conta vinculada do empregado a este título);

f) multa de 40% sobre os valores referentes ao FGTS.

O pagamento de tais verbas funda-se no prescrito no artigo 477 da Consolidação das Leis do Trabalho:

> **CLT**, art. 477 - É assegurado a todo empregado, não existindo prazo estipulado para a terminação do respectivo contrato, e quando não haja ele dado motivo para cessação das relações de trabalho, o direto de haver do empregador uma indenização, paga na base da maior remuneração que tenha percebido na mesma empresa.

Todavia, na hipótese do empregado ser dispensado antes do termo final do contrato de trabalho, o empregador deverá indenizá-lo com a metade dos valores que lhe seriam devidos até o prazo que foi pré-estipulado, conforme determina o artigo 479 da CLT.

> **CLT**, art. 479 - Nos contratos que tenham termo estipulado, o empregador que, sem justa causa, despedir o empregado será obrigado a pagar-lhe, a título de indenização, e por metade, a remuneração a que teria direito até o termo do contrato.
> Parágrafo único - Para a execução do que dispõe o presente artigo, o cálculo da parte variável ou incerta dos salários será feito de acordo com o prescrito para o cálculo da indenização referente à rescisão dos contratos por prazo indeterminado.

6.2.2.3 Dispensa por justa causa do empregado.

O empregador poderá dispensar o empregado que comete falta grave, ou seja, com justa causa. A justa causa vem a ser o procedimento incorreto do empregado, tipificado na lei, que dá ensejo à ruptura do vínculo empregatício. É, logo, a forma de dispensa decorrente de ato grave praticado pelo empregado, implicando a cessação do contrato de trabalho por motivo devidamente evidenciado, de acordo com as hipóteses previstas na lei. (MARTINS, 2009, p. 356-357)

A dispensa por justa causa significa uma demissão justificada por incidir algumas das condições ou hipóteses contidas no artigo 482 e 508 da CLT. Vejamos.

> **CLT**, art. 482 - Constituem justa causa para rescisão do contrato de trabalho pelo empregador:
> a) ato de improbidade;
> b) incontinência de conduta ou mau procedimento;
> c) negociação habitual por conta própria ou alheia sem permissão do empregador, e quando constituir ato de concorrência à empresa para a qual trabalha o empregado, ou for prejudicial ao serviço;
> d) condenação criminal do empregado, passada em julgado, caso não tenha havido suspensão da execução da pena;
> e) desídia no desempenho das respectivas funções;
> f) embriaguez habitual ou em serviço;
> g) violação de segredo da empresa;
> h) ato de indisciplina ou de insubordinação;
> i) abandono de emprego;
> j) ato lesivo da honra ou da boa fama praticado no serviço contra qualquer pessoa, ou ofensas físicas, nas mesmas condições, salvo em caso de legítima defesa, própria ou de outrem;
> k) ato lesivo da honra ou da boa fama ou ofensas físicas praticadas contra o empregador e superiores hierárquicos, salvo em caso de legítima defesa, própria ou de outrem;
> l) prática constante de jogos de azar.
> Parágrafo único - Constitui igualmente justa causa para dispensa de empregado a prática, devidamente comprovada em inquérito administrativo, de atos atentatórios à segurança nacional.

> Art. 508 - Considera-se justa causa, para efeito de rescisão de contrato de trabalho do empregado bancário, a falta contumaz de pagamento de dívidas legalmente exigíveis.

Nesses casos o empregador poderá extinguir o contrato de trabalho. Eis os casos em que se considera justificada a dispensa, verificando-se uma relação de causalidade entre a conduta e a demissão. Vejamos sua significação doutrinária:

a) Ato de improbidade. A doutrina caracteriza o ato de improbidade, como sendo ato imoral ou ilegal praticado pelo empregado no desempenho de suas funções. Exemplo, o furto no caixa da empresa.

A palavra improbidade provém do Latim *improbitas*, que significa má qualidade, imoralidade, malícia. A improbidade revela mau caráter, perversidade, maldade, desonestidade; ímproba é uma pessoa que não é honrada. O ato ensejador da falta grave pode ocorrer com furto, roubo, apropriação indébita de materiais da empresa, a falsificação de documentos para obtenção de horas extras não prestadas, a apropriação indébita de importância da empresa, o empregado justificar suas faltas com atestados médicos falsos etc. Não há necessidade de ser feito boletim de ocorrência para a caracterização da falta, que, inclusive, independe do valor da coisa subtraída. (MARTINS, 2009, p. 362)

b) Incontinência de conduta ou mau procedimento. A incontinência de conduta define-se como o comportamento irregular do empregado, incompatível com a sua permanência no emprego, e que o faz decair da confiança do empregador, são atos que podem prejudicar a imagem da empresa.

A incontinência de conduta está ligada ao desregramento do empregado no tocante à vida sexual. São obscenidades praticadas, a libertinagem, a pornografia, que configuram a incontinência de conduta. Caracteriza-se a incontinência de conduta quando há assédio sexual de uma pessoa a outra, que não corresponde a corte, ficando esta constrangida, por inexistir reciprocidade, evidenciando a falta grave para o despedimento. (MARTINS, 2009, p. 362)

Já o mau procedimento diz da falta cuja prática não está, necessariamente, ligada à prestação do trabalho pela incompatibilidade com o senso comum do homem médio: o bom pai de família. "O mau procedimento vem a ser um ato faltoso que não pode ser enquadrado nas demais alíneas do art. 482 da CLT. Tudo o que não pode ser encaixado em outras faltas será classificado no mau procedimento. Será, portanto uma atitude irregular do empregado, um procedimento incorreto, incompatível com as regras a serem observadas pelo homem comum perante a sociedade. Assim, por exemplo, o uso indevido do computador poderá configurar mau procedimento para a dispensa por justa causa do empregado (art. 482, b, da CLT), caso não seja tipificado por outro motivo, como de indisciplina ou insubordinação, como na hipótese de o empregado enviar e-mails pornográficos a outras pessoas durante o horário de trabalho". (MARTINS, 2009, p. 362-363)

c) Negociação habitual por conta própria ou alheia sem permissão do empregador, e quando constituir ato de concorrência à empresa para a qual trabalha o empregado, ou for prejudicial ao serviço. A negociação habitual existe quando o empregado exerce atividades mercantis habituais. Nesta hipótese o empregado prejudica o seu desempenho na empresa em que presta serviços, pudendo se configurar tal atitude contrária à empresa onde presta serviço ao negociar com empresas concorrentes.

A negociação diz respeito aos atos de comércio praticados pelo empregado. Essa negociação, segundo a lei trabalhista, deve ser feita sem permissão do empregador e com habitualidade. Se houver permissão do empregador ou não houver habitualidade, a justa causa estará descaracterizada. Diz-se do trabalho concorrente ou prejudicial ao serviço que está proibido pela lei. Nada impede que o empregado exerça mais de uma atividade, mas essa outra atividade não poderá ser exercida em concorrência desleal à empresa, de modo a acarretar prejuízo ao serviço. Assim, o empregado poderá ter outro emprego, fazer pequenos bicos na hora do intervalo ou até mesmo ser empregador. Mas, se o empregado diminui sua produção em razão do serviço paralelo que realiza, haverá prejudicialidade ao serviço. (MARTINS, 2009, p. 363)

d) Condenação criminal do empregado, passada em julgado, caso não tenha havido suspensão da execução da pena. *A condenação criminal*, desde que repercuta na privação da liberdade do empregado.

Para haver a justa causa é preciso que o empregado seja condenado criminalmente com sentença transitada em julgado. Se a sentença ainda estiver em fase recursal, não se caracteriza a justa causa. (MARTINS, 2009, p. 363)

e) Desídia no desempenho das respectivas funções. Desídia funcional pode vir a significar falta de diligência do empregado em relação ao emprego. Exemplo: faltas injustificadas reiteradas etc. "O empregado labora com desídia no desempenho de suas funções quando o faz com negligencia, preguiça, má vontade, displicência, desleixo, indolência, omissão, desatenção, indiferença, desinteresse, relaxamento. A desídia pode também ser considerada um conjunto de pequenas faltas, que mostram a omissão do empregado no serviço, desde que haja repetição dos atos faltosos. Uma só falta não vai caracterizar a desídia. As faltas anteriores devem, porém, ter sido objeto de punição ao empregado, ainda que sob a forma de advertência verbal". (MARTINS, 2009, p. 363-364)

f) Embriaguez habitual ou em serviço. Embriaguez habitual é embriaguez que ocorre com frequência fora do ambiente de trabalho. Já, a embriaguez em serviço refere-se à uma ocorrência no local e momento em que o empregado desempenha suas funções. Em ambos os casos, o empregador pode dispensar o empregado por *justa causa*. "A embriaguez é fundamento para justa causa, pois o empregador tem interesse me preservar a harmonia no ambiente de trabalho". (MARTINS, 2009, p. 366)

g) Violação de segredo da empresa. A violação de segredos da empresa caracteriza um ato que fere a fidelidade que o empregado tem em relação ao interesse do empregador.

Comete falta grave de violação de segredo da empresa o empregado que divulga marcas e patentes, fórmulas do empregador, sem seu consentimento, o que não deveria ser tornando público, configurando prejuízo àquele. Seria a hipótese de um funcionário da empresa conseguir a fórmula da Coca-Cola e divulgá-la para os concorrentes. (MARTINS, 2009, p. 367)

h) Ato de indisciplina ou de insubordinação. A indisciplina caracteriza a desobediência às ordens gerais de serviço que visa à organização internar da empresa: ordens, por exemplo, contidas no regulamento da empresa, circulares, portarias (ex. não fumar, não usar computadores externos – notebook etc.). Já a insubordinação refere-se ao descumprimento de uma ordem específica do empregador. "Não são ordens gerais do próprio empregador, mas ordens do chefe, do encarregado, ligadas ao serviço, como o fato de o empregado não fazer serviço que lhe foi determinado no dia. Se a ordem do superior é imoral ou ilegal não se configura a insubordinação". (MARTINS, 2009, p. 369)

i) Abandono de emprego. O abandono de emprego entende-se como uma violação do caráter continuado da prestação de serviços ou trabalho, obrigação que, como se sabe, decorre da própria natureza da relação de emprego. "Abandono de emprego significa largar, deixar o posto de trabalho, desistir o operário de trabalhar na empresa". (MARTINS, 2009, p. 369)

j) Ato lesivo da honra ou da boa fama praticado no serviço contra qualquer pessoa, ou ofensas físicas, nas mesmas condições, salvo em caso de legítima defesa, própria ou de outrem. O ato lesivo da honra e boa fama é o ato que caracteriza dano moral contra qualquer pessoa no ambiente de trabalho. Se o ato for cometido fora do ambiente de trabalho, considerar-se-ia a falta executado o ato contra o empregador ou superior hierárquico.

"A justa causa em análise é a praticada pelo empregado ao ferir a honra e a boa fama do empregador ou superiores hierárquicos ou de qualquer pessoa, salvo quando a exercer em caso de legítima defesa, própria ou de outrem. Atos mencionados originam calúnia, injúria e difamação. Os referidos atos poderão ser praticados por palavras ou gestos". (MARTINS, 2009, p. 369)

A ofensa física praticada contra o empregador e superiores hierárquicos, salvo em caso de legítima defesa, própria ou de outrem. Diz-se do ato praticado contra o empregador ou superiores hierárquicos, podendo causa danos ou lesões físicas. Diz-se da "agressão do empregado contra qualquer pessoa, o empregador e superiores hierárquicos, salvo em caso de legítima defesa, própria ou de outrem. A falta grave independerá da existência de lesão corporal ou ferimento, bastando apenas a ofensa física, como o fato de um empregado esmurrar outro. A legitima defesa irá excluir a falta grave em comentário, sendo que caberá ao empregado a prova de tal fato". (MARTINS, 2009, p. 371)

k) Prática constante de jogos de azar. Prática que caracteriza um ilícito penal que também pode prejudicar o desenvolvimento e a imagem da empresa.

> A falta grave ocorre quando o empregado continuamente pratica jogos de azar. Se a prática é isolada, uma única vez, ou poucas vezes, não há a justa causa. Há, por conseguinte, a necessidade da habitualidade para a confirmação da falta grave. Pouco importa, porém, se o jogo é ou não a dinheiro. Os jogos de azar podem ser: jogo do bicho, loterias, bingo, roleta, bacará, de cartas, dominó, rifas não autorizadas etc. Se o jogo é realizado fora do horário de trabalho, como no horário de intervalo e não há prejuízo para o serviço, não se pode falhar em justa causa. (MARTINS, 2009, p. 371)

l) Atos atentatórios à segurança nacional, hipótese inserida no parágrafo único do art. 482: *Constitui igualmente justa causa para dispensa de empregado a prática, devidamente comprovada em inquérito administrativo, de atos atentatórios à segurança nacional.* Trata-se de "atos de terrorismo, de malversação da coisa pública etc." (MARTINS, 2009, p. 371)

Caracterizada a hipótese ou motivo da dispensa, o empregado, unicamente terá direito ao recebimento das verbas adquiridas no decorrer do contrato de trabalho, a saber, o saldo de salário e as férias vencidas. Perdem-se, assim, o direito às verbas rescisórias e o direito a levantar os valores referentes ao FGTS.

6.2.2.4 Pedido de demissão.

Se por um lado e, nos casos de contratos por prazo indeterminado, o empregador pode dispensar, por outro o empregado pode solicitar a extinção do contrato de trabalho. Trata-se do pedido de demissão, considerado um aviso prévio que permite ao empregador tomar ciência e qualificar e/ou substituir pessoas para o cargo ou a função.

Para Sergio Pinto Martins (2009, p. 372-373) não existe pedido de demissão, mas comunicação do empregado de que não vai mais comparecer ao trabalho. Demissão é o aviso que o empregado faz ao empregador de que não mais deseja trabalhar na empresa. O empregado terá de avisar o empregador com antecedência mínima de 30 dias de que não pretende continuar na empresa, devendo trabalhar durante o aviso prévio, salvo se for liberado pelo empregador. O empregado pode ter interesse em se desvincular do emprego ou mais rápido possível, pois já possui outro serviço; nesse caso, não precisará cumprir o aviso prévio.

Quando o empregado pede demissão não faz jus ao recebimento da multa de 40% sobre o FGTS e nem das férias proporcionais, nos casos de contratos de trabalho inferiores a 1 (um) ano. Assim, será devido pelo empregador, além destas férias proporcionais, o saldo de salário, o 13º salário proporcional aos meses trabalhado e as férias vencidas, com o terço constitucional se houver. "Não tem o empregado direito a indenização, ao saque do FGTS e às guias do seguro-desemprego. Fará jus, porém ao 13º salário proporcional, a férias vencidas e férias proporcionais". (MARTINS, 2009, p. 373)

Já, nos contratos por prazo determinado, conforme o artigo 480 da CLT, se o empregado solicitar demissão antes de encerrado o prazo final do contrato, estará obrigado a indenizar o empregador nos prejuízos que seu ato resultar, sendo que esta não poderá superar o valor que seria devido ao empregado no caso contrário. Vejamos.

> **CLT**, art. 480 - Havendo termo estipulado, o empregado não se poderá desligar do contrato, sem justa causa, sob pena de ser obrigado a indenizar o empregador dos prejuízos que desse fato lhe resultarem.

6.2.2.5 Rescisão indireta.

A rescisão indireta ou dispensa indireta é a forma de cessação do contrato de trabalho por decisão do empregado em virtude da justa causa praticada pelo empregador. (MARTINS, 2009, p. 373)

Conforme o artigo 483 da CLT, o empregado tem o direito de rescindir o contrato quando comprovada uma falta grave cometida pela empresa. Diz-se de circunstâncias que incidem sobre o contrato de trabalho e que provocam sua rescisão indireta. O contrato pode ser rescindido desde que causar dano a uma das partes, neste caso ao empregado. Vejamos,

> **CLT**, art. 483 - O empregado poderá considerar rescindido o contrato e pleitear a devida indenização quando:

> a) forem exigidos serviços superiores às suas forças, defesos por lei, contrários aos bons costumes, ou alheios ao contrato;
> b) for tratado pelo empregador ou por seus superiores hierárquicos com rigor excessivo;
> c) correr perigo manifesto de mal considerável;
> d) não cumprir o empregador as obrigações do contrato;
> e) praticar o empregador ou seus prepostos, contra ele ou pessoas de sua família, ato lesivo da honra e boa fama;
> f) o empregador ou seus prepostos ofenderem-no fisicamente, salvo em caso de legítima defesa, própria ou de outrem;
> g) o empregador reduzir o seu trabalho, sendo este por peça ou tarefa, de forma a afetar sensivelmente a importância dos salários.
> § 1º - O empregado poderá suspender a prestação dos serviços ou rescindir o contrato, quando tiver de desempenhar obrigações legais, incompatíveis com a continuação do serviço.
> § 2º - No caso de morte do empregador constituído em empresa individual, é facultado ao empregado rescindir o contrato de trabalho.
> § 3º - Nas hipóteses das letras "d" e "g", poderá o empregado pleitear a rescisão de seu contrato de trabalho e o pagamento das respectivas indenizações, permanecendo ou não no serviço até final decisão do processo.

Tais são as hipóteses que caracterizam a rescisão indireta como forma de extinção do contrato de trabalho. Nesses casos, ao empregado será devida todas as verbas que lhe seriam pagas no caso de extinção do contrato por rescisão sem causa justificada.

Observa-se que, sendo as hipóteses de difícil comprovação, o empregado, por desconhecimento, geralmente pede demissão quando somente ao perceber que esta sendo acometido de falta grave pela empresa, perdendo, assim, a oportunidade de receber os valores que lhe são devidos.

Quanto ao procedimento, o empregado deve denunciar imediatamente a falta, notificando e/ou interpondo ação trabalhista alegando os motivos da rescisão do contrato de trabalho: caracterizando-se, assim, a rescisão indireta.

Todavia, conforme o art. 500 da CLT: "O pedido de demissão do empregado estável só será válido quando feito com a assistência do respectivo Sindicato e, se não o houver, perante autoridade local competente do Ministério do Trabalho e Previdência Social ou da Justiça do Trabalho".

6.2.2.6 Culpa recíproca.

A extinção do contrato pode vir a ter como causa ou motivo a culpa recíproca do empregador e do empregado. Assim, quando o empregador e o empregado cometem faltas graves reciprocamente, atos que inviabilizam a continuação do vínculo empregatício. Logo, poderá ocorrer a extinção do contrato de trabalho por culpa recíproca. Diz-se de uma instituição em desuso, pois na prática torna-se impossível provar a culpa recíproca.

De qualquer forma, "havendo culpa recíproca no ato que determinou a rescisão do contrato de trabalho, o tribunal de trabalho reduzirá a indenização à que seria devida em caso de culpa exclusiva do empregador, por metade" (art. 484 da CLT).

6.2.2.7 Aposentadoria.

A aposentadoria, obviamente, extingue o contrato de trabalho de forma compulsória. Neste caso a concessão da aposentadoria coloca fim à relação empregatícia, gerando o direito do empregado a receber todas as verbas rescisórias, com exceção do aviso prévio e da multa de 40% sobre os valores depositados no FGTS.

Observa-se que, a hipótese em que o empregado se aposentar e, mesmo assim continua a prestar serviço para o empregador, não deverá ser considerada como uma continuação ou extensão do contrato de trabalho. Em verdade, o contrato já foi extinto pela concessão da aposentadoria pelo INSS. Logo, considera-se iniciado novo contrato de trabalho, um dia após à concessão da aposentadoria, evitando-se assim que o trabalhador aposentado tenha um duplo grupo de direitos.

6.2.2.8 Desaparecimento de uma das partes.

Esta hipótese inclui a morte do empregado, pois o contrato de trabalho é pessoal. Assim, "falecendo o empregado e havendo herdeiros, certos direitos serão transferíveis, como o FGTS, o saldo de salários, as férias vencidas e as férias proporcionais e o 13º salário proporcional". (MARTINS, 2009, p. 381)

A morte do empregador (pessoa física) é regulada como hipótese de extinção do contrato pelo art. 483 da CLT:

> Art. 483 - O empregado poderá considerar rescindido o contrato e pleitear a devida indenização quando:
> (...)
> § 2º - No caso de morte do empregador constituído em empresa individual, é facultado ao empregado rescindir o contrato de trabalho.
> (...)

Na hipótese da extinção da empresa o empregado fará jus a todos os direitos previstos na legislação, pois não foi ele quem deu causa à cessação do contrato. Na falência do empregador, o empregado fará jus a todos os direitos trabalhistas, como se houvesse sido dispensado. Os riscos do negócio não podem ser transferidos para o trabalhador. (MARTINS, 2009, p. 381)

Bibliografia

ÁVILA, Humberto. *Teoria dos Princípios*: da definição à aplicação dos princípios jurídicos. 9. ed. São Paulo: Malheiros, 2009.

BARROS, Alice Monteiro. *Curso de Direito do Trabalho*. 5. ed. São Paulo: LTR, 2009.

BARROS JÚNIOR, Cássio de Mesquita. *Flexibilização no Direito do Trabalho*. In: *Trabalho e processo*, n.02, 1994.

BARROSO, Luís Roberto. *O direito constitucional e a efetividade de suas normas*: limites e possibilidades da Constituição brasileira. 9. ed. Rio de Janeiro: Renovar, 2009.

BRASIL. *Consolidação das leis do trabalho*. Disponível em: <http://www.planalto.gov.br/ccivil/decreto-lei/del15452.htm>. Acesso em: 23 mar. 2012.

BRASIL. Constituição (1988). Constituição da república federativa do Brasil. Brasília, DF, Senado, 2010.

BRASIL. Anuário Estatístico da Previdência Social 2010. Disponível em: <http://www.previdencia.gov.br/conteudoDinamico.php?id=1162>. Acesso em: 20/04/2012.

BRASIL. Tribunal Superior do Trabalho. Disponível em: <http://www.tst.jus.br/prevencao/ /noticia2.html>. Acesso em: 05/11/2011.

CARRION, Valentin. *Comentários a consolidação das leis do trabalho*. 31. ed. São Paulo: Saraiva, 2006.

CHAVES, Luciano Athayde. As lacunas no direito processual do trabalho. In: CHAVES, Luciano Athayde (Org.). *Direito processual do trabalho*: reforma e efetividade. São Paulo: LTr, 2007, p. 52-96.

COMPARATO, Fábio Konder. *Afirmação histórica dos direitos humanos*. 2.ed., rev. e ampl. São Paulo: Saraiva, 2001.

COSTA, Armando Casimiro. *Consolidação da leis do trabalho*. 34. ed. São Paulo: LTR, 2007.

GARCIA, Gustavo Filipe Barbosa. *Curso de Direito Processual do Trabalho*. 6. ed. Rio de Janeiro: Forense, 2012.

LEDUR, José Felipe. *A realização do direito ao trabalho*. Porto Alegre: Sergio Antonio Fabris, 1998.

MACIEL, Jose Alberto Couto. *Comentários à convenção 158 da OIT*. 2. ed, atual. São Paulo; LTR, 1996.

MAGANO, Octavio Bueno. *ABC do direito do trabalho*. São Paulo: Rt, 1998.

MARTINS, Sergio Pinto. *Direito do Trabalho*. 25. ed. São Paulo: Atlas, 2009.

MARTINS FILHO, I. Gandra da Silva. *Manual esquemático de Direito e Processo ao Trabalho*. 3. ed. São Paulo: Saraiva, 1992.

MARX, Karl. *Introdução à crítica da economia política*. In: *Os pensadores*. São Paulo: Abril Cultural, 1974.

MANUS, Pedro Paulo Teixeira. *Direito do trabalho*. 5. ed. São Paulo: Atlas, 1999.

MELO, Raimundo Simão de. *Direito ambiental do trabalho e a saúde do trabalhador*. 4. ed. São Paulo: LTr, 2010.

NASSAR, R. de Nazaré Sidrim. *Flexibilização do Direito do Trabalho*. São Paulo: LTr, 1991.

NASCIMENTO, Amauri Mascaro. *Iniciação ao direito do trabalho*. 33. ed. São Paulo: LTr, 2007.

PLÁ RODRIGUEZ, Américo. *Princípios de Direito do Trabalho*. 3.ed. atual. São Paulo: LTr, 2000.

SAAD, E. Gabriel. *CLT comentada*. 27 ed. São Paulo: LTr, 1993.

________. *Curso de Direito do Trabalho*. São Paulo: LTr, 2000.

SILVA, José Afonso da. *Curso de Direito Constitucional Positivo*. 5. ed. São Paulo: Rt, 1989.

SÜSSEKIND, Arnaldo. *Instituições de Direito do Trabalho*. Vol. II. 22. ed. (atual. por Arnaldo Sussekind e João de Lima Teixeira Filho). São Paulo: LTr, 2005.

VASCONCELOS, Andréa. *Dispensa imotivada*. Análise à luz da Convenção 158 da OIT. Florianópolis: Conselho Editorial, 2010.

VENEZIANO, André Horta M. *Direito e processo do trabalho*. 2. ed. ver.e atual. São Paulo: Saraiva, 2009.

ANEXO: CADERNO DE EXERCÍCIOS PARA PROVAS E CONCURSOS PÚBLICOS.

Conteúdo temático 1: O Direito do Trabalho

Questões teóricas: Leia, responda e explique.

1 Qual é a definição do Direito do Trabalho?

2 Qual é o objeto do Direito do Trabalho?

3 Explique a finalidade do Direito do Trabalho.

4 O que vem a ser autonomia do Direito do Trabalho?

5 É o trabalho profissional objeto do Direito do Trabalho?

6 É o trabalho remunerado o único tipo de atividade objeto do Direito do Trabalho?

7 Pode ser o trabalho eventual também considerado objeto do Direito do Trabalho?

8 As atividades religiosas e esportivas são consideradas objeto do Direito do Trabalho?

9 O trabalho é qualquer atividade humana remunerada?

Exercícios práticos: Assinale a afirmativa correta.

Questão 1. Dois são os ramos independentes do Direito, a saber:

(a) civil e mercantil.

(b) externo e interno.

(c) público e privado.

(d) civil e privado.

GABARITO
1.c

Questão 2. Os ramos integrantes do direito privado são:

(a) Direito Penal e Direito Civil.

(b) Direito Administrativo e Direito do Trabalho.

(c) Direito Internacional Público e Direito Internacional Privado.

(d) Direito Civil e Direito Comercial (ou Empresarial).

GABARITO
2.d

Questão 3. Em qual ramo do Direito o Direito do Trabalho se enquadra?

(a) No Direito Privado.

(b) No Direito Público.

(c) No Direito Internacional.

(d) No Direito Particular.

GABARITO
3.a

Questão 4. O Direito do Trabalho integra:

(a) o Direito Público Interno.

(b) o Direito Público Externo.

(c) o Direito Privado.

(d) o Direito Societário

GABARITO
4.c

Questão 5. Conforme doutrina nacional o Direito do Trabalho é:

(a) o conjunto harmônico de princípios jurídicos que regem a atividade internacional, tendentes a realizar concreta, direta e imediatamente os fins desejados pelos Estados.

(b) o ramo do direito privado que tem por objeto os órgãos, agentes e pessoas jurídicas administrativas que integram a Administração Pública, que se utiliza para a consecução de seus fins, de natureza pública.

(c) o ramo da ciência do direito que tem por objeto as normas, as instituições jurídicas e os princípios que disciplinam as relações de trabalho subordinado.

(d) é uma relação jurídica de direito privado que envolve o fornecimento de bens ou serviços. Seu objeto é a produção e circulação da riqueza nacional.

GABARITO

5.c

Conteúdo temático 2: Fundamentos do Direito do Trabalhista.

Questões teóricas: Leia, responda e explique.

1 O que significa o vocábulo fonte?

2 Quais são as fontes do Direito do Trabalho?

3 Quais são as fontes primárias do Direito do Trabalho?

4 Quais são as fontes secundárias do Direito do Trabalho?

5 Quais são as razões do Direito do Trabalho?

6 Explique a razão social do Direito do Trabalho.

7 Explique a razão econômica do Direito do Trabalho.

8 Explique a razão política do Direito do Trabalho.

9 Explique a razão jurídica do Direito do Trabalho.

10 Quais são os pressupostos legais do Direito do Trabalho.

11 Como pode ser definida a CLT: código ou constituição?

12 Quais são os pressupostos não legais do Direito do Trabalho?

13 Quais são os princípios informativos do Direito do Trabalho?

14 É o poder legislativo a única fonte de produção do Direito do Trabalho?

15 Há diferenças entre os princípios constitucionais e as normas infraconstitucionais?

16 Destaque a importância da Consolidação das Leis do Trabalho – CLT.

Exercícios práticos: Assinale a afirmativa correta.

Questão 1. Conforme o prescrito no artigo 8º da CLT é correto afirmar que as fontes do Direito do Trabalho são:

(a) as disposições legais ou contratuais, a jurisprudência, a analogia, a equidade, os princípios e normas gerais de direito, os usos e costumes e o direito comparado.

(b) as disposições legais e não contratuais, a jurisprudência, a analogia, a equidade, os princípios e normas gerais de direito, os usos e costumes e o direito comparado.

(c) as disposições legais e contratuais, a jurisprudência, a moralidade, a equidade, os princípios e normas do Direito estrangeiro, os usos e costumes nacionais.

(d) as concepções doutrinárias ou contratuais, a jurisprudência, a analogia, a equidade, os princípios e normas gerais de direito, os usos e costumes e o direito comparado.

GABARITO
1.a

Questão 2. Conforme a classificação e hierarquia das fontes do Direito do Trabalho:

(a) a Lei é fonte secundária.

(b) o Direito comparado é fonte principal.

(c) o costume é fonte secundária.

(d) a jurisprudência não é fonte acessória.

GABARITO
2.c

Questão 3. Conforme a legislação vigorante:

(a) A Constituição Federal sempre será fonte subsidiária do Direito do Trabalho.

(b) A CLT é fonte acessória do Direito do Trabalho.

(c) O direito comum não será fonte do direito do trabalho, somente naquilo em que não for compatível com os princípios fundamentais deste.

(d) O direito comum será fonte subsidiária do direito do trabalho, naquilo em que não for incompatível com os princípios fundamentais deste.

GABARITO
3.d

Questão 4. Conforme doutrina nacional:

(a) a convenção coletiva é um pacto celebrado entre uma ou mais empresas com o sindicato dos empregados.

(b) a convenção coletiva é um pacto firmado entre dois ou mais sindicato: de um lado, o sindicato patronal, e, de outro, o sindicato profissional (dos trabalhadores).

(c) a convenção coletiva é a sentença normativa, isto é, a decisão que julgou um conflito coletivo.

(d) a convenção coletiva é o regulamento de empresa, instrumento que reúne as condições de trabalho fixadas no âmbito interno desta.

GABARITO
4.b

Questão 5. Interprete a seguinte opinião fazendo críticas, rejeição, negação ou confirmação:

"A Consolidação das Leis do Trabalho (CLT): representa uma reunião de normas esparsas. Não se trata, de um código, mais de uma consolidação, que vem justamente reunir a legislação esparsa sobre o tema existente no período anterior a 1943 e suas posteriores modificações".

Conteúdo temático 3: A Relação Jurídica Trabalhista

Questões teóricas: Leia, responda e explique.

1 Que é relação trabalhista?

2 Quais são os sujeitos constitutivos da relação trabalhista?

3 Qual é o conceito de empregador?

4 Qual é o conceito de empregado?

5 Qual é o conceito de empregado doméstico?

6 Qual é o conceito de empregado em domicílio?

7 Qual é o conceito de empregado rural?

8 Qual é o conceito de empregado aprendiz?

Exercícios práticos: Assinale a afirmativa correta.

Questão 1. A relação de trabalho é,

(a) espécie da relação de emprego que compreende os interesses dos trabalhadores (interesses patrimoniais).

(b) gênese do Direito do Trabalho que tutela os interesses coletivos (a coisa pública).

(c) espécie concreta, direta e imediatamente da relação de emprego e que tutela os fins desejados pelo Estado.

(d) gênero, que compreende o trabalho autônomo, eventual, avulso etc.

GABARITO
1.d

Questão 2. A relação empregatícia é,

(a) aquela da qual participam todos os trabalhadores.

(b) a atividade desenvolvida por conta própria e sem subordinação.

(c) o nexo constituído entre empresas individuais e sociedades empresárias.

(d) a relação da qual somente participam aqueles considerados empregados.

GABARITO
2.d

Questão 3. A expressão "*o empregador admite, assalaria e dirige a prestação pessoal de serviços. Ele tem poder de direção, de organização, de controle (fiscalização) e disciplinar (punir)*" caracteriza a relação trabalhista como uma relação:

(a) não onerosa.

(b) fungível.

(c) subordinada.

(d) lícita.

GABARITO
3.c

Questão 4. Assinale a afirmativa incorreta. A relação de emprego:

(a) é um tipo de relação sócio-jurídica que, por gerar direitos e obrigações, é tutelada pelas normas jurídicas trabalhistas.

(b) é constituída pelas empresas privadas e o setor público tendo como premissa o trabalho não subordinado do empregado em relação ao empregador.

(c) trata do trabalho subordinado do empregado em relação ao empregador.

(d) é uma espécie de *relação de trabalho* diferenciada das demais pela presença da subordinação.

GABARITO
4.b

Questão 4. Integração de Conhecimentos
(OAB – 2005) De acordo com a Consolidação das Leis do Trabalho, equiparam-se ao empregador, para os efeitos exclusivos da relação do empregado:

(a) Somente os profissionais liberais que admitirem advogados como empregados.

(b) Somente as instituições de beneficência, com fins lucrativos.

(c) As associações recreativas ou outras instituições com fins lucrativos que admitirem médicos como empregados.

(d) Os profissionais liberais, as instituições de beneficência, as associações recreativas ou outras instituições sem fins lucrativos que admitirem trabalhadores como empregados.

GABARITO
(d)

Conteúdo temático 4: Constituição da Relação de Emprego.

Questões teóricas: Leia, responda e explique.

1 Como se constitui a relação de trabalho?

2 Defina o contrato de trabalho.

3 Quais são os elementos constitutivos do contrato de trabalho?

4 Explique a natureza do contrato de trabalho.

5 Explique as características do contrato de trabalho.

6 Classifique o contrato de trabalho.

7 Explique o significado de ineficácia do contrato de trabalho.

Exercícios práticos: Assinale a afirmativa correta.

Questão 1. Conforme estabelecido no artigo 442 da CLT:

(a) o contrato individual de trabalho é o acordo sempre escrito e expresso, correspondente à relação de emprego.

(b) o contrato individual de trabalho é o acordo unilateral e expresso, correspondente à relação de emprego.

(c) o contrato individual de trabalho é o acordo tácito ou expresso, correspondente à relação de emprego.

(d) o contrato individual de trabalho é o pacto definido entre os sindicatos e as empresas.

GABARITO
1.c

Questão 2. Como características mais relevantes do contrato individual de trabalho podem ser destacadas as seguintes:

(a) Autônomo, oneroso, unilateral, consensual, bilateral (ou sinalagmático), sucessivo ou continuado, oneroso (não gratuito), principal.

(b) Intuito coletivo, consensual, bilateral (ou sinalagmático), sucessivo ou continuado, oneroso (não gratuito), principal.

(c) Intuito personae, formal, bilateral (ou sinalagmático), sucessivo ou continuado, oneroso (não gratuito), principal.

(d) Intuito personae, consensual, bilateral (ou sinalagmático), sucessivo ou continuado, oneroso (não gratuito), principal.

GABARITO
2.d

Questão 3. Conforme o art. 9º da CLT:

(a) Serão nulos de pleno direito os atos praticados com o objetivo de desvirtuar, impedir ou fraudar a aplicação dos preceitos contidos na presente Consolidação.

(b) Serão nulos relativamente os atos praticados com o objetivo de desvirtuar, impedir ou fraudar a aplicação dos preceitos contidos na presente Consolidação.

(c) Serão anuláveis os contratos bilaterais favoráveis ao empregador que praticados com o objetivo de desvirtuar, impedir ou fraudar a aplicação dos preceitos contidos na presente Consolidação.

(d) Serão nulos absolutamente os atos praticados com o objetivo de facilitar o lucro das empresas e a desigualdade entre empregado e empregador.

GABARITO
3.a

Questão 4. Conforme prescrito no art. 468 da CLT: Nos contratos individuais de trabalho [...]

(a) é ilícita a alteração das respectivas condições por mútuo consentimento, mesmo que delas resultem prejuízos ao empregado.

(b) é lícita a alteração unilateral das respectivas condições, desde que não resultem benefícios para o empregador.

(c) não é permitida a alteração das respectivas condições por mútuo consentimento, desde que não resultem prejuízos ao empregador, sob pena de nulidade da cláusula infringente desta garantia.

(d) é lícita a alteração das respectivas condições por mútuo consentimento, desde que não resultem prejuízos ao empregado, sob pena de nulidade da cláusula infringente desta garantia.

GABARITO
4.d

Questão 4. Integração de Conhecimentos.

(OAB/RJ – 2006) Dispõe o art. 444 da CLT: "As relações contratuais de trabalho podem ser objeto de livre estipulação das partes interessadas em tudo quanto não contravenha às disposições de proteção ao trabalho, aos contratos coletivos que lhes sejam aplicáveis e ás decisões das autoridades competentes". Tal preceito encerra um princípio do direito civil aplicável no âmbito trabalhista, no caso:

(a) o princípio do *pacta sunt servanda*;

(b) o princípio da autonomia da vontade;

(c) o princípio da boa-fé objetiva;

(d) o princípio do contraditório.

GABARITO
(b)

Questão 5. Interprete a seguinte opinião fazendo críticas ou confirmação:

O Direito do Trabalho é:

"O ramo da ciência do direito que tem por objeto as normas, as instituições jurídicas e os princípios que disciplinam as relações de trabalho subordinado, determinam seus sujeitos e as organizações destinadas à proteção desse trabalho em sua estrutura e atividade". (NASCIMENTO, Amauri Mascaro. *Iniciação ao direito do trabalho*. 33. ed. São Paulo: LTr, 2007, p. 58).

"Um conjunto de princípios, regras e intuições atinentes à relação de trabalho subordinado e situações análogas, visando assegurar melhores condições de trabalho e sociais ao trabalhador, de acordo com as medidas de proteção que lhe são destinadas. A palavra conjunto revela que o Direito do Trabalho é composto de várias partes organizadas, formando um sistema, um todo". (MARTINS, Sergio Pinto. *Direito do Trabalho*. 25. ed. São Paulo: Atlas, 2009, p. 16).

Conteúdo temático 5: Direitos Derivados da Relação de Emprego.

Questões teóricas: Leia, responda e explique.

1 Jornada de trabalho é o tempo efetivamente trabalhado pelo empregador?

2 Jornada de trabalho é o tempo durante o qual o empregado permanece à disposição do empregador, aguardando ou executando ordens?

3 Jornada diária de trabalho é o tempo no qual o empregado fica à disposição do empregador, computado o período *in itinere*?

4 Qual é o conceito de jornada de trabalho?

5 Destaque a diferença entre salário e remuneração.

6 Destaque a diferença entre gorjeta e salário.

7 O empresário está obrigado a pagar salário durante período no qual o empregado permanece afastado do emprego?

8 É o salário um direito ou um benefício?

9 É salário todo pagamento efetuado pelo empregador ao empregado?

10 Qual a diferença entre salário e indenização?

11 Qual a diferença entre salário e o benefício previdenciário?

12 Qual a diferença entre salário-família e salário?

13 Diárias e ajudas de custo são salários?

14 Qual a diferença entre salário por tempo e salário por produção?

15 Qual a diferença entre salário por produção e salário por tarefa?

16 É licito o pagamento do salário em moeda estrangeira?

17 Vale-refeição é salário?

18 Vale-transporte é salário?

19 Seguro de vida é salário?

20 Transporte é salário?

21 Computador utilizado pelo empregado é salário?

22 Qual é a diferença entre salário mínimo e salário profissional?

23 Que é o Fundo de Garantia do Tempo de Serviço?

24 Qual é o objetivo visado pela legislação que tutela o FGTS?

Exercícios práticos: Assinale a afirmativa correta.

Questão 1. Conforme doutrina nacional a Jornada de Trabalho é:

(a) a quantidade de labor diário do empregado.

(b) o espaço de tempo no qual o empregado está prestando serviço efetivo.

(c) período durante o qual o empregado fica a disposição do empregador.

(d) o período em que o empregado fica recebendo ordens.

GABARITO
1.c

Questão 2. O objetivo da limitação da jornada é:

(a) privilegiar o empregador limitando seus direitos ao trabalho.

(b) evitar a fadiga do trabalhador, quando fica mais exposto aos acidentes.

(c) delimitar e reduzir o salário do trabalhador conforme o tempo de serviço.

(d) observar a convenção coletiva, a lei e os privilégios do empregado.

GABARITO
2.b

Questão 3. No artigo 7º da Constituição Federal prescreve-se:

(a) III - duração do trabalho normal não superior a oito horas diárias e quarenta e quatro semanais, facultada a compensação de horários e a redução da jornada, mediante acordo ou convenção coletiva de trabalho.

(b) XIV - jornada de 4 horas para o trabalho realizado em turnos ininterruptos de revezamento, salvo negociação coletiva;

(c) III - duração do trabalho normal não superior a seis horas diárias e quarenta e quatro semanais, facultada a compensação de horários e a redução da jornada, mediante acordo ou convenção coletiva de trabalho.

(d) XIV - jornada de oito horas para o trabalho realizado em turnos ininterruptos de revezamento, salvo negociação coletiva.

GABARITO
3.a

Questão 4. Consideram-se horas extras:

(a) as prestadas conforme o horário contratual, legal ou normativo, que não são remuneradas com o adicional respectivo.

(b) as realizadas antes do início do expediente destinadas à alimentação do trabalhador.

(c) as horas extraordinárias ou horas não suplementares, que têm o mesmo significado do descanso semanal remunerado.

(d) aquele período de tempo que ultrapassa a jornada normal fixada por lei, conforme convenção coletiva, sentença normativa ou contrato individual de trabalho.

GABARITO
4.d

Questão 5 De acordo com a doutrina brasileira a remuneração é:

(a) o salário recebido pelo empregado pela prestação de serviços.

(b) o conjunto de prestações recebidas pelo empregado pela prestação de serviços.

(c) dinheiro ou utilidades, provenientes do empregador.

(d) O valor recebido pelas horas extras e férias.

GABARITO
5.b

Questão 6. De acordo com a Consolidação das Leis do Trabalho:

(a) integram o salário as comissões, percentagens, gratificações ajustadas, diárias para viagens e abonos e gorjetas pagas pelo empregador.

(b) integram o salário os vestuários, equipamentos e outros acessórios fornecidos ao empregado e utilizados no local de trabalho, para a prestação dos respectivos serviços.

(c) considera-se salário o pagamento efetuado com cupões vales de transporte.

(d) não se incluem nos salários as ajudas de custo, assim como as diárias para viagem que não excedam de 50% (cinquenta por cento) do salário percebido pelo empregado.

GABARITO
6.d

Questão 7. Décimo terceiro salário é:

(a) o benefício pago aos trabalhadores com salário mensal abaixo de valor determinado pelo Ministério da Previdência Social.

(b) uma gratificação compulsória por força de lei, que tem natureza salarial, é também denominado "gratificação natalina".

(c) um salário vinculado a aspectos qualitativos do trabalhador e que resulta da produção, eficiência, pontualidade, assiduidade etc.

(d) paga aos funcionários que fazem recebimentos pelo empregador, trabalhando diretamente no caixa da empresa.

GABARITO
7.b

Questão 8. É assegurado aos trabalhadores urbanos e rurais:

(a) décimo terceiro salário com base na remuneração integral ou no valor da aposentadoria.

(b) remuneração do trabalho noturno não superior à do diurno.

(c) garantia de salário, nunca inferior ao mínimo, para os que percebem remuneração variável.

(d) a irredutibilidade do salário, salvo o disposto em convenção ou acordo coletivo.

GABARITO
8.b

Questão 9. Assinale a opção correta no que se refere ao FGTS:

(a) uma conta-poupança aberta pelo trabalhador que funciona como uma garantia ou proteção em caso de demissão sem justa causa, cujos valores podem ser sacados, em situações especiais, sem que o trabalhador tenha deixado o emprego.

(b) um depósito bancário destinado a formar uma poupança para o trabalhador, que poderá ser sacada na hipótese lazer, e principalmente quando o trabalhador é dispensado sem justa causa.

(c) O FGTS é um fundo bancário, uma conta vinculada, um benefício de indenização da falta de descanso, aposentadoria e da dispensa do trabalhador.

(d) um conjunto de recursos financeiros administrados pelo Estado e que objetiva amparar o trabalhador minimizando as consequências negativas que podem vir a derivar da rescisão da relação trabalhista, quanto à habitação, saneamento e infraestrutura.

GABARITO
9.d

Questão 10. De acordo com a legislação brasileira, o trabalhador pode levantar os depósitos do FGTS:

(a) quando dispensado sem justa causa (pelo empregador), culpa recíproca ou força maior.

(b) em caso de aposentadoria concedida pela Previdência Social.

(c) em caso de rescisão de contrato de trabalho, inclusive contrato a termo, por motivo de culpa recíproca ou força maior.

(d) em caso de falecimento do sócio-empregador, rescindido o contrato de trabalho por extinção total da empresa, fechamento de quaisquer estabelecimento, filiais, agências.

GABARITO
10.d

Questão 11. De acordo com a legislação brasileira, o trabalhador pode levantar os depósitos do FGTS:

(a) para pagamento de parte das prestações decorrentes de financiamento habitacional concedido no âmbito do Sistema Financeiro de Habitação – SFH.

(b) para liquidação e amortização extraordinária do saldo devedor de financiamento imobiliário.

(c) em caso de falecimento de um descendente do trabalhador.

(d) quando a conta permanecer 3 anos sem depósito.

GABARITO
11.c

Questão 12. De acordo com a legislação brasileira, o trabalhador pode levantar os depósitos do FGTS:

(a) quando o trabalhador ou qualquer de seus dependentes for acometido de neoplasia maligna (tumor maligno).

(b) quando o trabalhador ou qualquer de seus dependentes for cursar estudos em país estrangeiro.

(c) quando o trabalhador tiver idade igual ou superior a 70 anos.

(d) em caso de necessidade pessoal que decorra de desastre natural (chuva, inundação, terremoto etc.)

GABARITO
12.b

Conteúdo temático 6: Suspensão, Interrupção e Extinção da Relação de Emprego.

Questões teóricas: Leia, responda e explique.

1 Que é suspensão do contrato de trabalho?

2 Que é interrupção do contrato de trabalho?

3 Quais são as hipóteses de suspensão do contrato de trabalho?

4 Quais são as hipóteses de interrupção do contrato de trabalho?

5 A suspensão é do contrato ou do trabalho?

6 O afastamento do empregado para prestação do serviço militar é suspensão ou interrupção?

7 Explique os efeitos da extinção do contrato de trabalho.

8 Quais são os pressupostos legais da extinção do contrato de trabalho?

9 Em que consiste a dispensa por justa causa do empregado?

Exercícios práticos: Assinale a afirmativa correta.

Questão 1. Marque a opção correta relativa às características da suspensão do contrato de trabalho:

(a) a suspensão consiste na extinção total e definitiva do contrato de trabalho, com exceção do vínculo empregatício.

(b) na suspensão, a empresa não deve pagar salários, nem contar o tempo de serviço do empregado que está afastado.

(c) a suspensão é a cessação definitiva dos efeitos do contrato de trabalho.

(d) na suspensão o empregado fica afastado, mas recebe salário e conta-se seu tempo de serviço.

GABARITO
1.b

Questão 2. Marque a opção correta relativa às características da interrupção do contrato de trabalho:

(a) a interrupção significa supressão *parcial* e temporária, sendo mantido o vínculo, a obrigação do salário e dos depósitos do Fundo de Garantia do Tempo de Serviço (FGTS).

(b) na interrupção, não há necessidade do pagamento dos salários no afastamento do trabalhador e, também a contagem do tempo de serviço.

(c) por meio da interrupção do contrato de trabalho se extingue a relação jurídica, isto é, perece o vínculo jurídico entre os sujeitos empregador e empregado.

(d) haverá interrupção quando o empregado for remunerado normalmente, embora não preste serviços, não se contando seu tempo de serviço.

GABARITO
2.a

Questão 3. Marque a opção que caracteriza hipótese de interrupção do contrato de trabalho:

(a) Mandato sindical.

(b) Aposentadoria por invalidez.

(c) Serviço militar ou outro encargo público.

(d) Férias.

GABARITO
3.d

Questão 4. Marque a opção que caracteriza hipótese de suspensão do contrato de trabalho:

(a) Demissão temporária.

(b) Greve.

(c) Acidente do trabalho.

(d) Gravidez e aborto não criminoso.

GABARITO
4.b

Questão 5. O empregado que descumpre ordens pessoais de serviço pode ficar sujeito à punição disciplinar ou dispensa por justa causa, tipificada na CLT como:

(a) mau procedimento.

(b) desídia.

(c) ato de insubordinação.

(d) ato de indisciplina.

GABARITO
5.c

Questão 6. Constitui justa causa para rescisão do contrato de trabalho do empregado:

(a) ausência em face de doença por três dias.

(b) aposentadoria por invalidez temporária.

(c) ausência em virtude de nascimento do filho.

(d) ato de improbidade.

GABARITO
6.d

Questão 7. (OAB – 2005) De acordo coma Consolidação das Leis do Trabalho, as gorjetas constituem:

(a) remuneração.

(b) salário direto.

(c) salário indireto.

(d) salário *in natura*.

GABARITO
7.a

Questão 8. (OAB/SP – 2006) Salário e remuneração são expressões:

(a) sinônimas, que designam o mesmo objeto, correspondente ao que o empregado recebe do empregador pelos serviços prestados.

(b) sinônimas, que designam o mesmo objeto, correspondente ao que o empregado recebe do empregador ou de terceiros pelos serviços prestados.

(c) que designam objetos diferentes, sendo que salário designa as vantagens recebidas pelo empregado diretamente do empregador, enquanto remuneração compreende também as vantagens provenientes de terceiros.

(d) que designam objetos diferentes, sendo a expressão salário mais abrangente do que a expressão remuneração.

GABARITO
8.c

Questão 9. Integração de Conhecimentos.

(Vunesp 126 - 73) A redução do salário, no direito brasileiro, é:

(a) possível em caso de acordo entre empregado e empregador, desde que tenha por finalidade evitar a dispensa do empregado.

(b) possível mediante convenção ou acordo coletivo de trabalho.

(c) possível mediante autorização da Delegada Regional do Trabalho.

(d) impossível.

GABARITO
9.b

Questão 10. Integração de Conhecimentos.

(Vunesp 126 - 73) As gorjetas constituem:

(a) salário direito.

(b) salário indireto.

(c) salário *in natura.*

(d) remuneração.

GABARITO
10.d

Questão 11. Integração de Conhecimentos.

(OAB/SP – 2008) Conforme a legislação trabalhista, a redução salarial é:

(a) vedada em qualquer hipótese.

(b) permitida, desde que prevista em convenção coletiva, apenas.

(c) permitida, desde que autorizada pelo empregado por escrito.

(d) vedada, salvo quando determinada em convenção ou acordo coletivo de trabalho.

GABARITO
11.d

Questão 12. Integração de Conhecimentos.

(OAB/SP – 2006) O *lockout*, segundo a legislação brasileira, é:

(a) permitido.

(b) permitido, salvo nos casos expressamente previstos em lei.

(c) vedado, salvo em situação de urgência ou de necessidade imperiosa.

(d) vedado.

GABARITO
12.d

www.ingramcontent.com/pod-product-compliance
Lightning Source LLC
Chambersburg PA
CBHW080400080326
40788CB00008B/5499